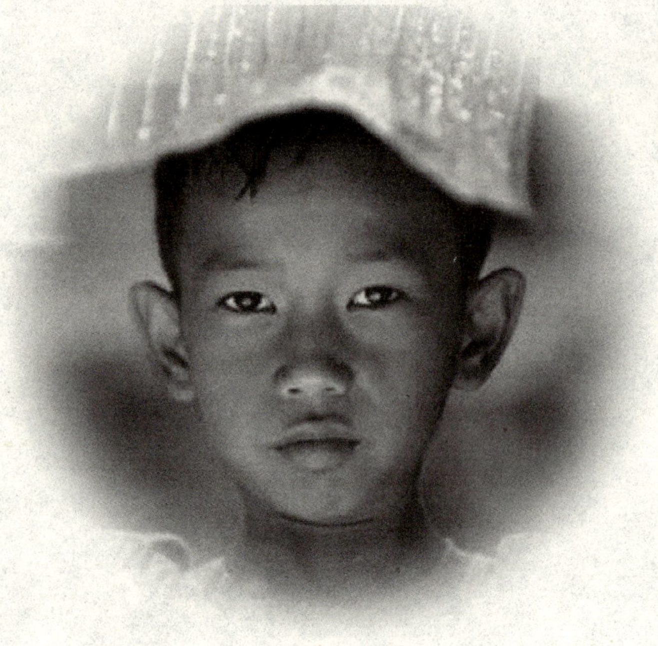

撑起倾斜的天空

——如何做好留守孩子的心理辅导

董亚兰◎编著

北京工业大学出版社

图书在版编目（CIP）数据

撑起倾斜的天空 ：如何做好留守孩子的心理辅导 / 董亚兰编著. —北京：北京工业大学出版社，2014.6
ISBN 978-7-5639-3895-7

Ⅰ.①撑…　Ⅱ.①董…　Ⅲ.①农村-少年儿童-心理健康-健康教育-中国　Ⅳ.①G479

中国版本图书馆CIP数据核字(2014)第084776号

撑起倾斜的天空——如何做好留守孩子的心理辅导

编　　著：董亚兰
责任编辑：李　光
封面设计：尚世视觉
出版发行：北京工业大学出版社
（北京市朝阳区平乐园100号　邮编：100124）
010-67391722（传真）　bgdcbs@sina.com
出 版 人：郝　勇
经销单位：全国各地新华书店
承印单位：北京集惠印刷有限责任公司
开　　本：787毫米×1092毫米　1/16
印　　张：18
字　　数：215千字
版　　次：2014年6月第1版
印　　次：2014年6月第1次印刷
标准书号：ISBN 978-7-5639-3895-7
定　　价：29.80元

前　言

如今，关于留守儿童的讨论已经不再是一个新鲜的话题，他们的父母为了维持一家人的生计，在孩子还很小的时候就外出打工，把孩子托付给祖辈或者亲戚照顾。父母由于平常不在孩子身边，对孩子的生活和学习难以细致地了解和照顾；留守儿童多数正处在成长发育的关键时期，由于缺少父母情感上的关心与呵护，他们成为一个备受社会关注的“问题群体”。

首先，最值得关注的就是留守儿童的心理问题。长期的隔代监护或者他人监护，使留守儿童没办法像其他正常的孩子一样在父母的呵护下成长，家长身在远方，无法随时了解孩子的心理、情感变化，这无疑是在孩子和父母之间隔了一道鸿沟。亲情的缺失、周围的歧视等使孩子过早地承受社会的压力，容易导致留守儿童产生孤僻、内向、多疑等人格障碍。

其次，由于父母不在身边，留守儿童的学习得不到较好的帮助和督促，很多孩子在学习方面甚至出现无人过问的情况，这使得孩子对学习产生一种无所谓的态度，不知积极进取，而是随大流，得过且过。留守儿童逃学、厌学的情况也得不到及时解决，有的孩子甚至没完成九年义务教育就辍学了。

再次，留守儿童的生活问题也是不容乐观的。在一些偏远的农村，年轻的劳动力大多数都出去打工了，剩下的老弱病残成了农村的主要劳动力，很多留守儿童也被迫加入“农军”的队伍，或者料理家务，过早地承担家庭负担对留守儿童的健康成长也有很大的负面影响。

虽然很多留守儿童的父母都喜欢在假期的时候把孩子接到自己工作的城市，借机和孩子好好地团聚一下，但是对留守儿童来说，从农村到城市简直就是从“留守”升级成“二次留守”。陌生的环境，陌生的人，没有小朋友作伴，白天爸爸妈妈要工作，没时间陪孩子，孩子无法融入新的生活。

留守儿童的各种问题都亟待解决，做父母的要针对自己孩子的问题“对症下药”，尽快让自己的孩子和其他孩子一样健康成长，心里没有阴霾，阳光而且快乐。本书根据留守儿童的各种问题，先点出症结所在，然后提出解决办法，让父母更清晰地了解自己的孩子出现问题的始末，让难题解决起来更容易。

本书涵盖孩子的品德、性格以及常见的心理、学习等多个方面，为留守儿童的父母提供全面的帮助，尽量让孩子在德、智、体、美等方面全面发展。此外，本书还有一章教孩子理财的内容，让孩子正确看待钱财，学会正确的理财方法，学会合理地支配父母的血汗钱。

本书结合相关家教理论，深入地介绍了父母应如何理解留守孩子的内心世界、如何引导孩子进步。书中还通过几十个生活中的生动故事，为父母们全面系统地演绎了一系列实用有效的家教方法，希望能给留守儿童的家长一些帮助，让孩子健康快乐地成长。

目　录

第一章　家长要把爱留给留守的孩子

第二章　告诉孩子父母不能守在他身边的理由

第五章　精心培育留守孩子的好性格

第六章　注重品德教育，让留守孩子更受尊敬

第七章 积极培养留守孩子的学习能力

第八章 给留守的孩子找个好伙伴

第九章　教留守的孩子树立正确的财富观

第十章　让留守的孩子学会自我保护

第十一章　隔代教育，要讲求好的效果

第一章 家长要把爱留给留守的孩子

儿童时期是孩子情感、品德、性格形成和发展的重要时期，如果孩子和父母长期分离，缺乏正常的沟通，得不到家庭的温暖和父母的关爱，那就很难像正常的孩子那样健康快乐地成长。除此之外，父母长期不在孩子身边，孩子还可能受到周围孩子的歧视，给孩子的心灵造成难以抹平的伤痕。

没父母陪伴的孩子像棵草

儿童时期是孩子情感、品德、性格形成和发展的重要时期，如果孩子和父母长期分离，缺乏正常的沟通，得不到家庭的温暖和父母的关爱，那就很难像正常的孩子那样健康快乐地成长。除此之外，父母长期不在孩子身边，孩子还可能受到周围孩子的歧视，给孩子的心灵造成难以抹平的伤痕。

这天是中秋节，家家户户都聚在一起吃月饼，赏秋月。但是刘晨晨家却很安静，因为爸爸妈妈都在外地打工，根本没时间回来，平时都是她和爷爷奶奶一起过日子。爷爷奶奶虽然每年中秋都会做些好吃的，但是晨晨仍掩盖不住打心底升起来的清冷感，两个老人一个孩子有什么好热闹的呢？

今年的中秋跟往常一样，晨晨一点儿过节的感觉都没有，吃完饭后就出去溜达溜达。今天的街道格外的冷清，只有一两个人影一闪而过，匆匆往家赶。晨晨本来就落寞的心情更加低落了。这时，一阵欢快的笑声从邻居高小雨家传来，还有火锅的香味。他们一家现在应该正围成一圈吃火锅吧，什么时候自己家里也能这么热闹呢？

晨晨溜了一圈，心情也没有好一点儿，只好回家。刚走到家门口，看到后邻的两个小孩一人手里拿着一串糖葫芦跑了出来。他们见到晨晨一个人就坏坏地说道：“哎呀，晨晨，怎么就你自己啊？今天是中秋团圆的日子，你爸妈是不是还没回来呀？”

“你们……”在这样的节日里，听到这样的奚落，晨晨气得说不出话来，跑着回屋里去了。一到房间里，晨晨的眼泪就忍不住掉下来。为什么别人的爸爸妈妈能和他们的孩子在一起，而自己的爸爸妈妈却非要离开自己呢？

晨晨心里有很多愿望，她希望有一天放学回家之后，从门外就能闻到妈妈烧菜的香味；有不会的功课不用等到第二天问老师，而是当天爸爸就能帮她解决；学校开家长会的时候，自己的妈妈能到场，而现在每次都是姗姗来迟的奶奶……虽然她不知道这些愿望什么时候能实现，但是她一直在心里默默地希望着。

很显然，刘晨晨的心里是很沉重的，她长期处于忧郁的状态中，而造成这些的原因就是没有父母的陪伴，晨晨觉得无依无靠。父母不仅是给孩子生命的人，更是孩子人生的第一任导师，父母的陪伴对孩子来说显得尤为重要。

很多留守儿童的父母在外忙于生计，很少有时间顾及孩子，平时与孩子的沟通也比较少，而且他们关心的重点是孩子的健康和学习，对孩子的思想和心理很少过问，从而造成很多留守儿童亲情淡漠，缺乏安全感。家庭教育是伴随孩子一生的教育，对孩子的行为、心理都有着深远的影响，如果错过教育孩子的黄金期，很容易导致孩子产生心理障碍。

贾小希今年上四年级了，性格很内向，跟要好的邻居见面也只是匆匆地打个招呼，然后就快步走开；在学校的时候，除了同桌之外，小希很少跟其他同学说话。

小希内向的毛病现在似乎又加重了，和爸爸妈妈打电话的时候，她连爸爸妈妈也不愿叫了。在她六岁的时候，爸爸妈妈就出外打工，只有过年的时候回来几天，应酬完了之后，没过正月十五就又回打工地去了，所以说起爸爸妈妈来，小希几乎没什么感觉。现在小希觉得每周通一次的电话无聊得很，她本来就不喜欢多说话，所以她总是借故不接妈妈打来的电话。

妈妈很快就感觉出来小希对她态度的变化，她很伤心，没想到为了给孩子创造一个较好的生活条件，自己在外辛苦地挣钱，换来的却是这样的结果。妈妈觉得小希真的太不懂事了，心想有机会一定要好好地教育她一下。

好不容易小希接了一次电话。妈妈见机会来了，二话不说，先把小希批评了一顿。而小希则是听说妈妈很想她，才不情愿地接了一次电话，接电话一听，并没发现妈妈有多想她，反而感觉妈妈似乎很讨厌她，于是发誓以后再也不再接妈妈的电话了，她可不想做个讨人嫌的人。

经过这件事，小希觉得跟人打的交道越多，事情就越多，所以打心里更不愿意接触周围的人了。

如果能得到正常的家庭教育，贾小希是不会对爸爸妈妈有那么深的误会的，更不会说起爸爸妈妈一点儿感觉也没有，也不会不想接妈妈的电话。孩子对爸爸妈妈的生疏感，只有父母的陪伴才能消除。显然妈妈并没有意识到这一点，所以她才会教训小希，引起亲子之间更深的误会。

留守儿童的健康成长离不开父母的陪伴，父母即使不在孩子身边，也要多花些时间了解孩子真正的需求，让孩子感受到父母的关心，让孩子心有所依，把缺少父母陪伴的伤害减到最小。

父母更要关注留守孩子的内心世界

父母不在身边，缺乏必要的关怀和教育，使得很多留守儿童小小年纪就过早地承受一些不应该承受的压力，在生活、精神、心理等方面出现严重的问题。缺乏亲情的关爱，内心的孤单，周围的歧视等，孩子幼小的心灵不知如何排解无形的压力，有的孩子变得内向胆怯，有的孩子变得偏执极端。

张莉莉今年12岁了，爸爸妈妈在她4岁的时候就外出打工了，前两年因为莉莉还小，逢年过节的时候他们还会回家看看莉莉，但是随着莉莉的长大，他们回家的次数由一年三次缩减为一年一次。

莉莉每次问爷爷奶奶什么时候回来，爷爷总是一成不变地说等她考上大学的时候。为此莉莉很努力地学习，想等爸爸妈妈回来的时候，把第一名的奖状拿给他们看，希望他们回来的时候能在家多陪她几天。

虽然莉莉的学习成绩很好，但是这并不能让莉莉像其他学习成绩好的同学一样自信，相反，莉莉很自卑。在老师的印象中，莉莉一直是坐在角落里默默学习的腼腆的女孩，见到认识的人也只是羞赧地一笑，很少听到她说话。

莉莉之所以这样，是因为她一直觉得自己不如别人，她经常听别的同学说自己爸爸妈妈怎样怎样，但是她除了知道爸爸妈妈的样子，其余的好像什么都不知道：不知道他们在外面做什么工作，也不知道妈妈做的菜是什么味道，不知道爸爸有什么喜好，也不知道妈妈喜欢什么样的衣服。

为此她不敢在同学面前说话，怕他们笑话她。莉莉的爸爸妈妈只知道自己的孩子学习成绩很好，也很听话，却不知道莉莉的内心是这么自卑。

很多孩子都有恋家的心理，父母不在身边就好像失去了依靠。莉莉学习成绩优异，按理来说应该是一个自信的阳光女孩，但是因为爸爸妈妈经常不在家，她几乎不敢在同学面前说话，慢慢地变得内向自卑。

年幼的时候就与父母长期分开，使得留守儿童内心缺乏安全感和心灵上的归属感。留守儿童大多数正值身心发育的时期，性格不大稳定，很容易造成情绪失控，对周围的人产生戒备或敌对的心理，总感觉别人在欺负自己，也容易产生逆反心理。这是留守儿童的一个心理问题。

吴小飞是一位三年级学生，是留守儿童群体中的一员。一天傍晚，天气突然降温，小飞当时正玩得高兴呢，没注意防寒，结果第二天上课的时候就感冒了。

同桌小聪得知小飞感冒的情况，对他很是同情，刚好他前两天感冒刚好，这些药还没来得及拿回家，于是很热心地把自己的药递给小飞，还把自己的热水分给小飞，让他吃药。

小聪忘了自己的保温杯保温效果太好了，里面的水还很烫，所以小飞喝水吃药的时候被烫了。这水可真烫啊，小飞觉得自己的舌头被烫得没知觉了。小飞很生气，一直觉得小聪是个好人，从没有跟其他同学一样欺负自己，现在看来他也不是什么好东西！

一想到所有的人都欺负自己，小飞就气得不行，当场就对着小聪骂了一句。小聪没想到自己的一番好心却换来这样的结果，再说自己也不是故意不告诉小飞的，直到小飞被烫着了，自己才想起这回事来，而且被烫着了也不至于发这么大火吧，好像自己是故意害他一样。

小飞的反应让小聪很不满，于是小聪故意说道：“我就是想烫你，怎么了？”

小飞的回答则是直接给了小聪一拳。小飞一直都是这样，感觉谁要欺负他就直接动手，他想说话是赶不走那些想要欺负他的人的。小聪不想把事情闹大，所以忍了下来，他暗暗发誓，以后不管小飞遇到什么困难，自己再也不会出手相助了。小飞就这样把自己为数不多的朋友之一推开了。

事例中的小飞因为经常被别人欺负，所以对此一直很敏感，遇到被烫着这件小事，他立刻否定小聪以前对他的帮助，出手打了小聪，这不仅伤害了一个好朋友，失去了一段可贵的友谊，更可悲的他还不知道自己冲动酿成的后果。

除了内向和冲动之外，少数的留守儿童还有怨恨、迷茫等心理。有的孩子认为自己家里没钱，爸爸妈妈没能耐，否则他们不会外出打工挣钱；有的孩子不理解父母的做法，以为他们是不想要自己，所以才会经常不回家。这些孩子由此产生对父母鄙视或者怨恨心理，在父母回家后，会故意疏远父母。父母以为是小孩子闹脾气，不当一回事，结果导致亲子之间产生隔膜。

刘小伟刚上一年级，由于爷爷奶奶都不识字，所以经常让邻居王阿姨帮忙在他的成绩单上签字。每次签字的时候，王阿姨总喜欢和小伟聊聊天，开个玩笑。

不过这天的玩笑小伟觉得一点儿都不好笑。王阿姨说道：“小伟啊，爸爸妈妈还没回来吗？你说他们是不是不要你了啊？要是他们不要你，就到我家来，阿姨会养你的。”

王阿姨说的玩笑话，小伟当真了，他以为爸爸妈妈真的不要自己了，可是他们还在电话里骗自己，说他们很想自己。小伟想起来就觉得可恨，心想以后再也不打电话给他们了，他们来电话也不接了。小伟心里这样想着，恨恨地走回家了。

小伟本来年纪就不大，很多事情也不明白，所以王阿姨的一句玩笑话就会让他当真，因此怨恨爸爸妈妈，无形的隔阂就这样产生了。如果爸爸妈妈一直陪在小伟的身边，小伟就不会这样想了。

有的孩子还缺少家庭教育，难以树立正确的人生观、价值观，对自己的未来很是茫然。这样的孩子一般进取心不强，做事则是马马虎虎说得过去就行。老师的关注点多放在成绩较好或较差的同学身上，而对这些同学关心得较少，使得这些孩子更加放任自流。

留守孩子的生活和学习真的不用担心吗？

父母大多是为了给自己的孩子创造更好的生活才离开孩子的，但是很多留守儿童的生活并不是很好。一方面，留守儿童的父母外出打工的原因是家里生活困难，只靠单纯的种地没办法过上稳定的生活；另一方面，由于家庭条件不好，孩子祖父母辈的吃用都比较节俭，难以保证孩子的营养均衡。

孙夏是一个三年级学生，从她记事开始，就一直跟着爷爷奶奶生活。小夏现在最大的梦想就是能有一件合身的新衣服。她的衣服一直是奶奶给她买的，而她正在长身体的阶段，往往是今年买的衣服明年穿就小了。于是奶奶想了一办法，每次给小夏买新衣服的时候，都买比小夏当时穿大一号的衣服，小夏在第二年还可以穿。

这样一来，小夏的衣服分为两种，一种是宽宽大大的，穿起来快到膝盖了，另一种是洗得几乎看不出原色的旧衣服。而且奶奶总是买一些暗颜色的衣服。小夏说自己喜欢粉色的衣服，奶奶却说灰色的衣服不容易脏，洗起来方便，用很实用的理论把小夏的要求驳回了。

这一天上课的时候，小夏发现同桌小雪穿了一件米黄色的外套，很漂亮而且很合身。这一发现让小夏忍不住开始打量起自己的穿着：自己的衣服一直就是一些沉重的暗色调，而且样式古板，因为自己一直没有发言权，都是奶奶做主买的。有一次，奶奶遇到一个卖衣服的地方正在甩货，一下子给小夏买了两件一样的衣服，这件脏了换那件，导致很多同学都以为小夏一直就穿一件衣服，从来不换呢！

什么时候自己能有一件像小雪那样颜色漂亮又合身的新衣服呢？小夏羡慕地看着小雪，心里想着：小雪好幸福啊，有合身的新衣服，还经常吃一些很好吃的零食，小雪说那都是妈妈给她买的；要是自己的妈妈也在家的话，会不会也和小雪的妈妈一样，给自己买好看的衣服呢？

小夏就这样痴痴地想着，丝毫没发现这一节课已经结束了……

现在很多人买衣服不仅讲究样式好看，还要穿着舒服。漂亮的衣服是每个女孩的必需品。事例中的小夏却把有一件合身的衣服当成一种奢望，她的生活真的不是很好。如果小夏的妈妈真的一直在她身边，那她会像小夏所希望的那样给她买漂亮合身的衣服吗？这我们就不得而知了。

除了生活之外，留守儿童的学习状况也不是很乐观，有的地方留守儿童的九年义务教育都难以保证。这主要是由两方面的原因造成的：一个是父母不在，祖辈的文化程度低，难以辅导孩子的学习；另一个是学校的监护不力，很多孩子的厌学、逃学现象没有得到解决。

周洋是一个聪敏的孩子，今年上四年级了，学习成绩一直都还说得过去，所以在外做生意的爸爸妈妈对自己的儿子也比较放心。小洋见爸爸妈妈没有像其他的父母一样整天问自己的学习成绩怎么样，对学习就慢慢地松懈了。

学习成绩下降，小洋当然有感觉，但是开始的时候他并没在意，心想大不了下次好好学一阵子。直到数学考试成绩到了不及格的程度，小洋这才有点儿危机感，心想虽然爸爸一直没怎么问自己的成绩，可是万一有一天他突然想起来打电话问自己，那该怎么办呢？

于是小洋开始用功学习。过了一段时间，他发现爸爸好像对自己的学习并不在意，有时候自己提出来学习成绩下降了一些，爸爸也是轻描淡写地说说就过去了。这一发现让小洋大胆了起来，反正爸爸不管，爷爷奶奶那里就更好交代了。他认为数学课落下的太多了，不好补，干脆不补了，等下学期再好好学。

小洋不知道的是，爸爸之所以表现得轻描淡写，是怕给他太大的压力。这样小洋是没有压力了，可也不再上进了。不学习真的很轻松，他在上课时计划下课玩些什么，放学之后去同学家把作业一抄，然后就去玩了。偶尔爸爸在电话里谈到学习的事情，小洋干脆就撒谎说还挺好的，让爸爸不要担心。

小洋这个情况真的不需要担心吗?

小洋由学习到不学习的转变是和爸爸的态度分不开的，显然爸爸不够了解自己的儿子，想表现得轻松一点儿不给孩子增加压力，却让孩子慢慢地荒废了学习。如果小洋的爸爸知道了这些，不知道会有何感想。小洋则是因为学习方面无人过问，成绩好的时候没人夸，成绩不好的时候也没人说，让他对学习产生了一种无所谓的态度，成了后来这个样子。

生活和学习都是孩子成长过程中的大事，父母应引起足够的重视，不要让孩子小小年纪就荒废了学习，这直接影响孩子的前途。父母不在孩子身边，对于生活，不一定要给孩子最好的，但是应尽量保持孩子身心的健康；应随时了解孩子的学习状况，适当地给予孩子鼓励或者压力，让孩子尽量保持好的成绩。

孩子是每个家庭的希望，留守儿童也不例外，父母即使不能常陪伴孩子左右，也要经常向孩子表示自己的关心，用其他的方式弥补不能陪伴孩子而给孩子带来的伤害。

孩子光明的未来不是花钱能买来的

很多留守儿童的父母外出打工，多半是想多挣些钱，这样才能给孩子一个更好的生活环境，让孩子可以在更好的环境下学习，将来有条好出路。让孩子过上较好的生活的确需要钱，但是很多时候有的问题却是不能用钱解决的。

张小寻从小就是一个懂事的孩子，他知道爸爸妈妈在外面辛苦地挣钱是为了供他上学，虽然爸爸妈妈对他的学习不怎么过问，但是上课的时候小寻仍是班上最认真听讲的一个，老师布置的作业小寻也会很仔细地完成，邻居们都说小寻是个难得的好孩子。

优异的成绩虽然带给小寻一定的优越感，但是小寻却是一个自卑的孩子，也是一个“隐形”的坏孩子。前两天坐在小寻后面的小雷向周围的同学炫耀他的新橡皮，那块橡皮不是一般的方形，而是一个小兔子的形状，还带着一股甜甜的香味，那是小雷的一个表哥送他的。

小寻从看到那块橡皮的第一眼就喜欢上了它，心想要是自己也能有块那样的橡皮就好了。第二天上课的时候，小雷发现自己心爱的橡皮不见了，很多同学帮忙四处找都没找到，为此小雷郁闷了好几天。

和小雷一样精神状态不太好的还有小寻，因为那块橡皮是他拿的，小寻怕同学们发现，当天就把橡皮拿回了家，所以那天同学们才会找不到。做贼心虚的感觉让他不敢和小雷多说话，生怕小雷发现橡皮是他偷的。回家后，小寻怕爷爷奶奶问，做作业的时候都是在自己的房间，用完橡皮之后还会放好。

这不是小寻第一次偷东西了，他也想改，但每次见到其他同学的好东西，他总是忍不住拿过来。由于他的学习成绩一直很好，老师同学都认为他是个好学生，不会做这些事情的，所以从来没怀疑过他，使得他一次又一次地犯错，然后后悔，再犯错……

当小寻侧面问爷爷发生这样的事情应该怎么做时，爷爷说应当亲自向人家承认错误，一想到别人用异样的眼光看自己时，小寻就打消了改正错误的念头，更不敢把自己做的事情说出来。要是妈妈在身边就好了，她一定会想出一个两全其美的办法，小寻无数次这样想。

相信小寻的爸爸妈妈一定想不到自己听话懂事的孩子会偷别人的东西。如果爸爸妈妈知道自己辛苦挣钱供他上学的孩子做出这么让人失望的事情，他们就不会再做出和当初一样的决定了。有钱可以保证孩子上好学校，却保证不了孩子良好的道德。

有些家长觉得只要有钱就行，学习则是可有可无的，孩子学好了就上，学不好就算了。还有的家长因为孩子调皮，比较难管教，怎么管都不听话，成绩也不怎么好，干脆就给孩子“另谋出路”，有的孩子甚至没完成九年义务教育就辍学了。

何潇好像天生什么都喜欢，除了学习。论文艺，何潇可以称得上是班上的“情歌王子”，体育方面，何潇打篮球打遍全校无敌手，可是学习方面，何潇一直在及格的边缘徘徊。然而让他的爸爸妈妈最头疼的不是这个，而是何潇还喜欢“黑道”，凡是学校通报的事件，无论是打架还是泡网吧，总少不了何潇的名字。

在多次管教无效之后，他的爸爸妈妈终于宣布放弃，其实他们也没指望何潇能考个什么好大学，既然如此，长痛不如短痛，正在上初二的何潇辍学了。何潇的爸爸是个瓦匠，手艺还不错，在何潇对自己的未来还没什么想法的时候，爸爸让何潇“子承父业”。

不久之后，他的爸爸干活儿的工地又多了一个年轻的小伙子，他就是何潇。以前上学的时候，何潇没觉得学习有多好，只觉得自己不想写作业，不愿意听课，不愿意背单词，也不愿意做数学题，那时候觉得学校的一切都那么讨厌，除了唱歌和打篮球。但是现在何潇非常想念自己在学校的日子，和在烈日下干活儿比起来，学习是一件很享受的事情。他真的后悔听了爸爸的话，他不该辍学的。如果一直学下去，他说不定可以找一份不一样的工作，工作的地点不是在工地，而是在漂亮舒适的办公楼。

但是何潇不敢提这件事，如果他提出再回学校，爸爸会是什么样的反应。和他能学习好比起来，爸爸应该宁愿相信猪会飞。而且他的爸爸一直强调，现在最重要的就是把眼前的钱挣到手，是不会放他回去的。在这样犹犹豫豫中，何潇一天一天地过着……

何潇从在学校到在工地，从上学到打工，才意识到学习的可贵。但是由于他的“前科”，他爸爸对学习不支持，让何潇一直不敢说出自己想再回校学习的想法，眼睁睁地看着宝贵的青春从工地上溜走。经过亲身体验，相信何潇回到学校一定会有不一样的光景，也会有不一样的未来。

留守儿童的父母要端正自己的想法，尽量让孩子受到更多的教育，不要以为挣到钱了，就能保证孩子的未来，孩子未来的路要靠孩子自己去走，知识则是孩子走向成功的双腿。

放任自流等于让孩子自生自灭

人们有一句俗语：“三岁看小，七岁看老。”如果孩子学习成绩不好的话，有些家长们就觉得自己的孩子不是学习的料，就对孩子的学习不再重视，让孩子顺其自然，只要能识字，不是文盲就行。这种现象在留守儿童中更为显著，因为他们的父母经常不在身边，对他们的了解不是很多，再加上他们的父母一直过着平凡的生活，对孩子将来能有一番大作为并没有抱多大的希望。而且“天高皇帝远”，就算要管孩子，他们也觉得力不从心，于是干脆让孩子放任自流。

莫小风今年上五年级了，成绩还不错，虽说不是名列前茅，各科成绩也还是均衡发展——除了语文。其实小风原本讨厌的并不是语文，而是语文老师。因为语文老师在检查同学背课文的情况时发现很多同学背得都不怎么好，于是语文老师就把抄课文当成家庭作业，而课文的篇幅一般都比较长，同学们抄一遍，手就累得发酸，而老师留的周末作业是让学生抄两三遍，并附加上“字迹要工整”的要求。

一次忍受，两次反感，第三次的时候小风决定反抗了！首先是不写作业，即使老师批评小风也豁出去了。但是老师希望每个同学都能把课文流利地背下来，对小风批评之余，仍不忘教导他几句。然而小风却觉得这个语文老师可恶至极。在和妈妈打电话的时候，小风也没忘记向妈妈“介绍”这个语文老师。妈妈只当是小孩子闹脾气，没往心里去，只是说老师也是为了他好。然而这句话让小风更加讨厌语文老师了。

一天，班上有个大胆的学生也是因为不喜欢语文老师直接逃课了。看着让人讨厌的面孔，小风有点儿羡慕那个逃课的同学，只恨自己没有那个勇气。课下，小风听到其他同学在讨论逃课的事情，立刻支起耳朵仔细听，越听就越动摇，小风不知不觉也在心里做起了逃课计划，在下节语文课到来之前，小风和同学溜出了教室。

逃课的刺激感让小风一发不可收拾，和妈妈通电话的时候也不再说学习的事情。妈妈每次打电话只是想确定自己的孩子仍然好好的，至于学习，小风不说，她也想不起来，跟孩子匆匆说两句话就挂了。于是小风就成了学校的逃课大王。

小风逃课可以说是在妈妈对他的学习漠不关心的情况下发生的，假如妈妈打电话的时候能多问问小风学习的情况，应该很快就能发现小风的问题；如果妈妈能在小风讨厌语文老师的时候及时地引导孩子，让他明白其中利害，小风也不会逃课成瘾。

古人有句话："玉不琢，不成器。"现实的生活环境并没有我们想象的那么好，它有很多看不到的阴暗面，孩子总是有好奇心的，还有一些居心叵测的不良分子，他们经常把伤害的目标放在没有父母保护的留守儿童的身上。所以留守儿童的父母不能对孩子采取不闻不问的态度，要经常和孩子沟通，了解孩子的思想状态，把握孩子的动向。

父母在了解孩子的过程中，应对孩子保持信任，多与孩子谈谈心，主动进入孩子的世界，从与孩子谈话的过程中了解孩子；通过与老师联系了解孩子在学校的表现情况，对孩子要多加引导，让孩子主动远离社会上的不良分子，积极进取。

班主任最近发现范小广上课的时候老是心不在焉，开始的时候他以为小广可能病了，身体不太舒服，所以上课的时候才会不在状态，过两天应该就没事了。但是半个月过去了小广还是那个样子，于是班主任问了班上的几个同学，他们也不知道小广是怎么回事。但是一个和小广家离得比较近的小鹏说，小广以前都是和他一起回家的，但是最近小广经常一个人走。

班主任担心小广的情况，于是打电话到小广家，是小广的奶奶接的。班主任说明自己的意思之后，奶奶却说，孩子在学校，就是学校的事，并且小广每天都回家，没什么不正常的。最近小广是每天都回家，但是回家的时间都比较晚，他对奶奶撒谎说是在同学家写完作业才回来的。小广回家之后就一直在自己的房间里不出来。奶奶见小广回家了，也就放心了，对小广在房间里干些什么很少过问，小孩子除了玩还能干什么呢？

小广的爸爸外出打工临走的时候就说："这孩子随我，不是学习的料，只要看着他别闯祸就行了。"所以奶奶从没想过小广的学习怎样，因为她也觉得小广贪玩，一学习就不好受。瞧他家邻居的孩子，不用大人说，每天回家就自己乖乖地看书，人家那样的才是学习的料，可惜自己家的小广不是。

不久之后传来的一个消息把奶奶给吓坏了。小广看上了村里小卖部里的一把玩具手枪，因为没钱买，就想趁店里的人不注意把它偷回来，结果被人当场抓住，还被送到了派出所。

小广这阵子之所以回家晚，就是去小卖部那里踩点，他看到掌柜出去了，觉得时机到了，却没想到掌柜刚走又回来了。在外地的爸爸妈妈心想自己的孩子学习不好也就算了，没想到竟会做出这样的事情，生了一顿闷气，但是对于已经发生的事情却也无可奈何。

范小广犯错误和家人的放任自流是分不开的，如果爸爸能让奶奶在家多关心一下小广的学习，在老师向家里了解情况的时候，向老师多了解一下小广在学校的表现，也许这样的悲剧就不会发生了。留守儿童的父母虽然不在孩子的身边，但是不代表不能教育孩子，亲情是万水千山也割不断的，只要父母更多地关心孩子，及时地引导孩子向正确的方向发展，相信每一个孩子都会成为社会的有用人才。

不要以爱的名义给孩子施加压力

孩子能有一番作为，出人头地，是很多父母的梦想，这是可以理解的。尤其是有些留守儿童的父母，这样的想法更加强烈。因为留守儿童的父母出去打工多是因为家庭条件较差，日子过得比较辛苦，自己这辈子改变命运是不太可能了，于是把能过上好日子的希望寄托在孩子身上，希望孩子以后能有份好的工作，不要像他们一样辛苦。

但是有更多的父母却因为教育方法不对，或者不知道该怎么教孩子，结果搞得孩子学习成绩没有什么起色，心理压力倒是增加了不少。有的父母虽然不在孩子身边，但是对孩子的学习情况仍然是时刻关注，与孩子的老师也是经常保持联系，以便随时知道孩子学习的动态。

父母觉得自己的做法没什么可说的，自己的孩子嘛，自己不操心谁操心！然而有时候父母这种“密切”的关心却让孩子感觉自己一直被监视，心里要多不自在就有多不自在，可是对爸爸妈妈又不好说什么，而且对父母说了父母也不会听。

张佳佳上四年级了，从她上学前班以来，学习成绩一直位居年级的前五名。一般的同学如果有这样好的成绩早就高兴得不知东西南北了，但是佳佳没有人们想象中的那样高兴，相反，她每天都是愁眉苦脸地对着课外书猛学。

这是怎么回事呢？原来爸爸妈妈知道自己女儿的学习成绩已经很好了，他们还希望佳佳的成绩能更好一点儿，这样才能更有把握考上一流的大学！他们已经苦了一辈子了：妈妈在一家饭店里当服务员，每天洗盘子到深夜；爸爸没什么手艺，每天在工地上干些卖力气的杂活儿，一天下来累得跟虚脱了一样。

无论如何他们也不希望自己的女儿再重复一遍这样的日子，所以爸爸早就告诉佳佳要好好学习，这样才能彻底摆脱这种累死累活却挣不了多少钱的底层生活。佳佳很争气，学习一直很努力，现在佳佳觉得自己已经努力到极限了，但是爸爸上星期打电话来，要佳佳把成绩提升到年级前三名。

虽说佳佳是年级前五名，她和其他几个同学每次只有几分之差，但是要想超过他们谈何容易。巨大的压力让佳佳现在整天食不知味，晚上还经常失眠。一到晚上没人的时候，她就想起爸爸妈妈辛苦工作的样子，妈妈当年很漂亮的，皮肤也很白，但是现在……过年回家的时候，妈妈因劳累沧桑的样子让佳佳差点儿没认出来；爸爸也明显比同龄的叔叔、大伯苍老许多，那也是因为劳累造成的。

一想到这些，再想到自己的成绩还没达到爸爸的要求，佳佳就有一种对不起爸爸妈妈的感觉，经常辗转反侧，难以入眠……由于经常睡眠不好，佳佳每天上课的时候就会不自觉地打盹儿，这就影响了听课效率，进而影响了学习成绩，学习成绩又影响了睡眠……

恶性循环就这样进行着。

毫无疑问，佳佳是一个懂事勤学的好孩子，这样的一个好孩子却因为爸爸妈妈给她的压力过大而导致压抑、失眠，甚至影响了学习，可见过大的压力对孩子并不是一件好事。对于佳佳这样懂事的孩子，施加过多的压力并没有好处，只会无故增加孩子的心理负担。

很多家长都不相信自己的对孩子的期望会对孩子产生这么大的消极影响，但是事实的确如此。据相关调查显示，人们的九大生活动力中，排在第一位的就是“望子成龙”。又有相关的调查机构对山西省的多所小学进行调查的结果是，孩子们有众多的学习压力来源，首屈一指的就是“父母的期待”。

李小兰和邻居小芳是同一年出生的，之后也是一起上学，不同的是，小兰家庭条件不太好，爸爸妈妈长年在外打工，维持一家的生计。小兰的妈妈是个很要强的人，家庭条件不如人她也就认了，但是她绝对不允许自己的女儿比别人差，所以妈妈对小兰的要求一直都很高。

妈妈对小兰的第一个要求就是学习不能输给别人，无论是期末、期中的大考试，还是平常的小测验，妈妈都要求小兰认真对待，并且要考一个好成绩回来。别看妈妈不在家，她对小兰平时的学习情况仍然是了如指掌，她定期给小兰打电话，问问最近考试了没有，成绩怎么样。

由于妈妈长年在外，认识小兰的同学较少，所以邻居小芳就成了妈妈的参考对象，每次问完小兰的成绩，妈妈就会打听一下小芳的成绩，如果妈妈知道小芳不如自己家的小兰考得好，妈妈就会满意地赞扬两句，最后总不会忘记告诫小兰不要骄傲；如果小兰发挥失常，考得不如小芳好，妈妈就会唉声叹气，然后让小兰一定要努力学习，保证以后一定要超过小芳。

妈妈这样做的目的是希望小兰能和小芳竞争，不断地进步。小兰很讨厌妈妈这样来回地比较，这让她感到一种沉重的压力，压得她喘不过气来，以至于她有时候都不知道该怎么学习。她想跟妈妈说，但是每次都在打电话的时候被妈妈压了回来。为此小兰很是苦恼，甚至渐渐地有点儿讨厌学习了。但是妈妈并不知道这些。

小兰由好学变得厌学，妈妈“比较”的压力是主要的原因。妈妈一直拿小兰的成绩和别的同学比较，这更增加了小兰的厌学情绪。孩子都希望自己在父母的眼里是最好，没有哪个孩子愿意看着自己的父母夸别的孩子好，小兰当然也不例外。做父母的要知道，给孩子施加压力是要有限度的，在给予孩子压力的时候，别忘了给予孩子肯定的鼓励。父母的鼓励会让孩子变得自信，学习更有动力。

第二章
告诉孩子父母不能守在他身边的理由

父母外出打工大多数原因都是为了自己的家庭和孩子，很多留守孩子却并不了解这一点，父母也懒得告诉孩子，这就无形中给亲子关系制造了很多矛盾，让亲子关系逐渐恶化。其实，只要父母把道理讲清楚，让孩子知道父母无论身在何处都是爱着他的，多和孩子进行心灵上的沟通，这些矛盾就会化解，亲子关系就会变得融洽、和谐起来。

让留守孩子学会理解、关心他人

如今，在家长的溺爱下，很多孩子往往以自我为中心，忘记了如何关爱他人。更有甚者，有的孩子竟然将别人的关爱当作是理所应当的事情。其实，从公平角度来说，孩子在接受别人关爱的同时，也应该学会如何关爱别人。在这一点上，留守孩子比一般孩子更难做到。因为留守孩子总觉得父母经常不在自己身边，自己享受父母的关爱是很正常的事情，他们并不了解父母为什么要外出打工，所以他们一点儿也不关心父母的处境，甚至还会无理取闹，让父母十分头疼。

因此，父母在教育孩子的时候，应该让他学会关爱别人，而关爱别人，应首先从理解父母开始。父母应该要求留守孩子在生活中学会自理、自立，理解父母为什么工作忙碌，不要总和父母对着干。当然，这样做的前提是父母要真的了解自己的孩子，只有做到知己知彼，才能有好的对策。

孙亮过生日，小姨在征得了孙亮父母的同意后，送给孙亮一只小狗。

“孙亮，你不是一直和小姨说喜欢小狗吗？小姨今天就送你一只，你要好好养，知道了吗？”小姨笑着拍拍他的头。他高兴地把小狗抱进了怀里，笑得十分开心。

他说：“谢谢小姨，这是我今天收到的最好的礼物。”

“你什么时候喜欢这种脏东西了？费时又费力，连自己都照顾不好，你能照顾好它吗？”孙亮的妈妈忍不住打击了他一番。看到儿子不高兴的小脸，她又开始心软，连忙说：“行了行了，让你养，只不过你自己照顾它吃喝拉撒，爸爸妈妈可不帮你。”

“嗯，我知道，谢谢妈妈。小姨，我们一起来养小狗吧！”平淡且有些生分地谢过妈妈后，孙亮乐呵呵地跑到小姨身边，缠着他和自己一起为小狗建窝。

爸爸在一旁看着，很不是滋味地说道：“这到底是谁家的孩子，怎么不和自己的爸爸妈妈亲近呢？咱们啊，还不如一只小狗呢！”

“那也是怪你们，”小姨走过来，笑着对他们说，“你们平时不愿意和孙亮多交流沟通，他当然不愿意和你们亲近了。别否认，要不然，你们怎么可能会连孙亮喜欢小狗都不知道。我听孙亮说，每次你们出差回来，他想和你们说两句话，你们不是吼就是骂的，吓得他再也不敢和你们亲近了。”

“这……”孙亮的父母哑口无言。还真的和小姨说的一样。难道真是父母的问题吗？

很多父母抱怨孩子不和自己亲近，其实这种状况很多时候是由父母的教育方式造成的。父母往往把孩子当作自己的私有财产，认为孩子就该万事听从父母的安排，很少过问孩子的感受和想法，再加上因为工作或其他原因经常不在孩子身边，与孩子交流和沟通很少。长期生活在这样的家庭氛围中，让孩子觉得压抑和不被尊重，促使他们疏远父母，也无法理解父母为什么总是不在家，不陪在自己身边，逐渐地产生了隔阂。

相比“权威”式教育，和孩子成为朋友的教育方式往往更容易取得好的效果。温馨的家庭环境能让孩子感到自己是被尊重的，同时也能加深亲子间的情感，父母在工作之余，应该多和孩子聊聊心，培养出共同的爱好，逐渐拉近彼此的关系。

父母应该把自己为什么不能经常在家的原因告诉孩子，让孩子理解自己，也听听孩子的想法，做到互相理解，并逐渐引导孩子学会关心和理解他人，改善亲子之间的矛盾。

钱文是个多愁善感的小男孩。每当他看到地震、洪水、泥石流等自然灾害无情地夺走人的生命时，就会不由自主地落泪。

他经常想到长年不在身边的父母，时间一长，他竟然有些抑郁情绪。为了让他能从消极情绪中走出来，爸爸专门请了几天假，带着钱文去野外郊游，想让他放松心情。

父子两人在游玩的时候，爸爸突然对钱文说："儿子啊，其实今天爸爸带你出来郊游是有目的的。"

钱文"啊"了一声，表示自己不理解。

"爸爸感到很欣慰，但同时也感到忧虑，因为你变得越来越懂事了，却又变得越来越不开心了。能跟爸爸说说你自己的想法吗？"爸爸说。

"我看到那么多人失去家园，那么多孩子失去了家人，我心里很难受。"钱文想了一会儿，回答道。

爸爸说："其实很多人看到那样的情景后都会感觉心酸。但逝者已去，我们不应总是缅怀痛苦，而是应积极生活并尽力帮助灾区人民。你们学校不是也组织捐款活动了吗？"

"是的，我还把您给的零用钱都捐了呢。"钱文回答。

"儿子，其实你对灾区小朋友的关爱，他们会感受到的，可是不快乐的人是无法带给别人快乐的。”爸爸说。

见钱文很难理解，爸爸又说：“就是说，应该用快乐感染他人，用笑容关爱他人。明白吗？”

钱文思考后说：“是不是说我在快乐的时候关爱别人，别人也会感觉快乐。而我在不开心的时候帮助别人，别人也会因为我的不开心而变得难过呢？”

为了让钱文更透彻的理解这些话的意思，第二天，爸爸开车带钱文去了离家最近的“爱心”敬老院。

在那里，钱文开心地和各位爷爷、奶奶打着招呼，然后为他们表演搞怪节目。当他看到一个老奶奶看完节目后仍然不开心的时候，他就问：“奶奶，您为什么不开心啊？”

老奶奶回答：“唉，看到你这么懂事我很开心，但想到自己无儿无女就不免伤心了。”

“奶奶，您放心，我可以让爸爸经常带我来看您啊！”老奶奶听完，激动得眼圈都红了。

“奶奶，您说说看，您喜欢什么啊，下次来的时候我给您带来。”钱文抬起小脸看着老奶奶。

“奶奶什么都不需要，只要你能来看我，看见你笑得这么开心，我就很开心了。”老奶奶笑着说。

听完老奶奶的话，钱文终于明白了爸爸话里的意思，从此变得更加关心他人。钱文的父母也因此受到了一些启发，回家陪伴儿子的时间越来越多了。钱文为此感到十分高兴，觉得自己的生活真的很幸福。

在孩子的成长过程中，父母应该让他知道“得到他人的关爱是一种幸福，关爱他人更是一种幸福”。无论是关爱家人还是关爱他人，都应该用心。如果用心，那么别人很快就能感受到你的关爱；如果不用心，说再多话，做再多事也是徒劳。所以，父母在教育孩子关爱别人的时候，除了让他了解如何关爱他人外，还应带他去实践。

非面对面交流时，父母应以关爱为主

做父母的都希望自己的孩子听话懂事，当别人提出批评的时候，更希望自己的孩子能虚心接受，而不是自己错了不愿改正，还对他人耍小脾气。但是这样的孩子却是少之又少，尤其是留守孩子，因为经常不能面对面地和父母沟通，所以当父母对他提出批评时，经常难以接受，不愿意和父母多说话。

不愿接受他人的批评，说出来虽只是一件小事，但是这件小事有时候往往能牵连出很多问题。比如，孩子不接受他人批评，父母则可能会讲道理教育孩子，也可能会说孩子两句，这时孩子听不进父母的话，还可能跟父母顶嘴。如果这种沟通不是面对面的，只是通过电话、网络或其他方式来传达的，那么肯定会严重破坏父母和孩子之间的关系，影响亲子间的沟通和交流。

其实，有时孩子听不进批评是双方共同造成的，孩子本身只是一部分原因，还有一部分原因出在教育孩子的父母身上，或许是批评的场合不对，或许是父母批评的方式不对。

刘亚涛是一名男孩子，虽然父母长年在外工作，但他并没有因此而逃课，反而一直很用功地学习，成绩一直是班里的前几名，每次期末考试都会有一张奖状捧回家。周围邻居经常夸亚涛是个聪明的孩子。

每次回家，亚涛的父母听到别人夸自己的孩子，都会笑得合不拢嘴，但是现在妈妈一点儿也不想听到夸亚涛的话。为什么会这样呢？原来妈妈发现亚涛越来越听不进别人的批评了，稍稍说他两句不好，他就会搬出某某曾经夸他怎样怎样好，说自己的妈妈胡说。

“亚涛，上次妈妈回家的时候，发现你的成绩下降了不少，别总是玩，多用点儿心学习。对了，你的房间也乱了，这个周末收拾一下。”妈妈在给儿子打电话的时候，和蔼地提醒道。

“我的房间哪里乱了？上次张阿姨来咱家时，还夸我的房间比他家小强整洁呢！”亚涛似乎听不得别人说他的不好。上次张阿姨来已经是一个月前的事情了，而他的房间在这期间确实没有收拾过，他想反正爸妈不在家，也没人管他。

“亚涛，不要总是听别人怎么说，你看看你现在的房间有一处称得上整洁的地方吗？你不能只听好话，听不进批评啊！”妈妈说。

“我没有听不进批评，上次刘小姨说的我的发型不适合学生，我就很听话地换了一个嘛！妈妈，您不要老说我好不好？有时候您做的菜不好，我提出来时，您不但没接受，还说我身在福中不知福。”亚涛开始“反击”了。

听到亚涛不但不听教导，反而还“教育”起自己来，妈妈一生气就把电话挂断了。这更让骄傲的亚涛接受不了，当场下决心再也不跟妈妈通电话。之后妈妈再打来电话，他便不再接，一听是妈妈的声音就果断地挂断电话，就是不肯原谅妈妈。

不可否认的是，亚涛的妈妈用了一种错误的方式教育孩子，尤其亚涛指出妈妈的错误的时候，妈妈没有道歉，反而更加生气，最后还挂断了电话。这对不能经常见面的母子来说，是很严重的错误。妈妈可以批评孩子，却不允许孩子指出妈妈错误的不公平教育方式，是很难让孩子接受他人批评的。在电话里进行批评，让期待和父母愉快聊天的孩子感到失望，不愿意再和父母进行电话交流。

父母应该给孩子创造一个“民主”的生活环境。所谓“民主”的环境，就是不管在什么时候，不管是面对面还是用电话交流，或者用其他方式交流，不仅父母可以指出孩子的错误，给以批评，孩子也拥有相同的权利，可以对爸爸妈妈的错误进行批评。这种“民主”的环境可以消除孩子心理上的不平衡，看到父母也能虚心地接受自己的批评，孩子接受批评的时候自然就会温顺得多。

很多时候并不是孩子不想接受父母的说教，而是孩子更希望在电话中听到父母的关爱和夸奖，比如：“好久不见，妈妈很想你。”“最近乖不乖？爸爸下周末会带你出去玩。”很多父母无法体会孩子的心情，只顾着询问他的学习情况和最近的成绩，并把自己的意愿强加到孩子身上，让孩子感到十分不耐烦，孩子觉得“你们都不回来看我、陪我，凭什么我要听你们批评教育我”。在这种负面情绪的影响下，孩子自然不愿意同父母多做交流。由此可见，有时候孩子不是不愿意承认错误，而是周围的环境因素对孩子产生了不良影响，导致孩子不愿接受批评。

如果父母觉得自己的想法是正确的，那么在通电话等非面对面的交流中，可以适当地批评教育孩子，但一定要教会孩子平等地看待批评者。很多留守孩子比较容易接受师长的批评，不仅是因为他们的人生阅历丰富，辈分也占了很大的比例。可是对于年纪差不多的玩伴或者是较为亲近的父母，孩子就可能比较难以接受不民主对待了，因为这对孩子来说是一件“很没面子”的事情。这时父母就要想办法让孩子明白“闻道有先后，术业有专攻，如是而已”的道理，让孩子学会接受他人的批评和教育，平等地面对批评者。

不管父母多么的望成子龙、望女成凤，在非面对面的沟通交流中，还是不要给留守孩子太大的压力。不如利用这些批评的时间多表达一下自己对孩子的关爱，拉近彼此的关系，搞好亲子关系。

唠叨不是好的亲子沟通方式

对父母而言，孩子并不是自己的“私产”，而是一个独立的个体，他需要获得别人的尊重与认可，更需要父母时刻在身边支持他、鼓励他，而不是想孩子了就把他接到身边，不想了就送走，甚至动不动就批评和责罚孩子，一见面就唠叨个没完没了。长期生活在这种环境下的孩子非但不能理解父母，反而会让他对父母失去信心，甚至会从心理上惧怕或厌恶父母，认为父母不疼爱他。

小雪的父母在另一个城市工作，每周都会回来看她一次。

这周五放学的路上，同学问小雪：“我和几个同学约好了明天一块去公园玩，你要不要一起去？”

小雪一听，连连点头：“我去。好久没有一块出去玩了。中午要在外面吃饭吗？”

“嗯。玩一整天。”同学开心地说道，“那我们明天上午九点在车站集合，不见不散。”

“好的，明天见。”小雪摆摆手，拐进了另一条大道上。

回到家的时候，爸爸妈妈已经从另一个城市赶了回来，正在厨房忙着做饭。吃饭的时候，她把出去玩的事情告诉了爸爸妈妈，爸爸没说什么，妈妈却唠叨起来了：

“这几个周末，不是去那儿玩，就是到这儿玩的。爸爸妈妈好不容易回来一趟，就算你不想我们，也应该在家里多学习点儿知识啊！”

“我已经好久没出去玩过了。”小雪说。

妈妈眨了一下眼，说道：“是吗？我怎么觉得每次我们回来你都是出去玩，一点儿不想在家里待着……”妈妈趁机说了一大堆。面对这么唠叨的妈妈，小雪真不知道该说什么好，只好向爸爸求救。

爸爸叹了口气，说道：“闺女想去就去吧，在家也是没事干，多和朋友玩一玩有好处。”

“外面有什么好玩的！我回来一趟容易吗？”妈妈扒了一口饭，说道。

小雪颇感无奈，吞下最后一口饭后，站起身说道：“反正我都答应同学们了，明天上午九点集合，下午再回来。”

“什么？要出去玩一天，那怎么行？中午你们吃什么？路上出意外怎么办？有没有大人陪着？要不然我陪你们一起去吧。”

“妈妈，”面对妈妈的唠叨，小雪十分无力，“您能不能不要这么唠叨，每次都是这样，我都听烦了。”

“我才说了几句你就烦了？我这样还不是担心你、为你好吗？真是不识好人心。我告诉你，不许去，否则看我怎么收拾你！”妈妈生气地对女儿大吼。

小雪不想再和妈妈说话，生气地回了自己的房间，还用力地关上了门。眼看妈妈就要发脾气，爸爸赶忙拦住了她。妈妈把筷子一放，扭头问爸爸：“我真有那么唠叨、那么烦人？”

爸爸挠挠头，不知道该不该说实话，想了一会儿，才笑道：“是有那么一点儿吧。毕竟女儿大了，很多事情她已经知道怎么处理解决了，不需要咱们总在她身边指挥来指挥去了。”

“可再大也是孩子，生活阅历不如咱们多，多说两句，是把咱们的经验传授给她。这孩子，怎么能嫌烦不听呢？”妈妈不解。

爸爸认真地说道：“有些经验，只靠听是听不出效果的，必须得由她自己亲自体验后才能得出结论，才能理解。如果咱们过多干涉，反而会阻碍孩子的成长。所以以后你还是改一改这爱在孩子面前唠叨的习惯。”

妈妈听后，陷入了沉思，难道她对女儿的关心真的只是唠叨吗？

事例中的妈妈由于孩子不体谅自己的“好心”而对小雪发脾气，这样做非但没有让小雪顺从自己，还引起了孩子的不满。很多父母都有类似的经历，明明觉得自己回家一趟不容易，以为孩子愿意陪在自己身边，听自己说话，结果却遭到了孩子的嫌弃。

殊不知，孩子的这种表现正是由于父母的“唠叨式”教育造成的。很多父母经常对孩子反复地说教和提醒，当父母的唠叨成为家常便饭后，孩子就会对此产生一种“心理惰性”，就会把父母的话当作耳旁风了。

很多时候，父母越是提醒、唠叨，孩子越是感到反感，久而久之，就会造成孩子无视父母的情况。所以父母在平时应该给孩子一定的自主权，不要总是替孩子做决定，给孩子做自己喜欢的事情的自由。面对自己感兴趣的事情，孩子的积极性自然会提高，即使没有父母的催促和提醒，孩子也能很好地完成一件事情。

不少父母在孩子犯了错误时喜欢不问缘由地就对孩子一顿训斥，甚至还把孩子以前犯的错都提一遍，这种方式不仅不能起到教育孩子的作用，还会引起孩子的反感。当孩子犯了错误时，父母应该明确地指出孩子错在哪里，并且要做到就事论事，不要借机把孩子以前犯的错都再说一遍。本来留守孩子和父母相处的时间就少，父母应该把更多的时间放在和孩子谈心上，而不是不停地“唠叨”。

倩倩因为父母离婚的事情，这次考试没有考好，情绪很低落，她担心回家后会被妈妈念叨，所以回到家里后一直闷闷不乐。

倩倩妈妈看着明显不开心的女儿很是担心，当然知道女儿心里大概在想些什么，知道这时候“唠叨”只会让孩子厌烦，所以没对倩倩说过什么过分的话。

倩倩妈也有自己的打算，她开始每天都写一些话放在女儿的书包里。倩倩每天都能在书包里发现妈妈写给自己的小纸条：“倩倩是最棒的！”“倩倩的英语最好。”“倩倩的记忆能力超级厉害。”倩倩看到这些，开心地笑了。

慢慢地倩倩恢复了自信，学习成绩也有了很大的提高。

孩子因为考试成绩不理想或做事没能达到父母的要求，受到父母的一顿“数落”是常有的事，然而，过多地指责会打击孩子的自信心，是非常不利于孩子成长的。事例中的倩倩因为父母的事情而心情低落，导致学习成绩下降，妈妈在这个时候没有过多地指责孩子，而是通过“小纸条”这种方式和孩子交流，充分体现出父母的信赖和关爱，帮孩子重新建立了自信心，从而取得了进步。在日常生活中，父母应该多给孩子一些鼓励和肯定，这种方式比“唠叨”更能激发孩子的进取心。

留守孩子对父母的事情更感兴趣

很多父母觉得自己经常不在孩子身边，所以自己的事情没必要让孩子知道，只要按时回来看望孩子，询问他的情况，督促他用心学习就行了。其实，越是父母不在身边，留守孩子越关心父母的事情，很希望父母能主动地讲一讲他们的事情，希望借助这种方式来拉近自己和父母之间的关系。

如果父母因工作或者其他原因经常不能陪伴在孩子身边，又想要与孩子建立愉快的交流方式，希望孩子能懂事、听话，那就要把孩子放在主角的位置上，让孩子多了解父母的事情。这样孩子才能更好地理解父母的教育方式，理解父母的苦衷，避免产生不必要的矛盾，也会积极地向父母学习，解决生活和学习中遇到的困难。

蔡小妹是家里的宝贝公主，虽然妈妈在外地工作，爸爸也很少和她交流，但是无论她想要什么，家里都会尽量满足，几乎把她宠到了天上。蔡小妹每个月都会有足够的零用钱，从没想过家里会有什么困难，想要什么就买什么，花钱逐渐变得大手大脚起来。

突然有一天，妈妈从外地回到了家，竟然下岗了，爸爸的工作也很辛苦，夫妻两个每天都唉声叹气的。为了让女儿专心学习，妈妈决定不把这件事告诉蔡小妹。由于妈妈没了工作，家里的生活变得拮据起来，而蔡小妹花钱却一如既往。出于无奈，妈妈只好对蔡小妹说：“女儿，有些用处不大的东西就不要买了，钱应该用在该用的地方。你说是吗？”

“我觉得我买的东西都是有意义的啊！妈你这是怎么了，说这么奇怪的话？”蔡小妹不解地看着妈妈。

“没什么，妈妈只是觉得节俭一些比较好。”妈妈含蓄地说。

“如果什么都不买的话，别人会说我小气的。”蔡小妹不高兴地嘟着嘴说。

“这是合理地花钱，不是小气。”妈妈耐心地说服女儿。

“我不管，为什么以前我花钱的时候你不告诉我节俭，现在却来告诉我？”蔡小妹倔强地说。

对于女儿的话，妈妈只能以沉默作答。为了给孩子足够的零用钱，家里只好从其他方面尽量节俭，可又无从下手。

蔡小妹对于妈妈难处的不了解让妈妈有苦说不出。不过幸好没多久妈妈又找到了一份工作，使家里的生活好转起来。从始至终，蔡小妹对妈妈的困境一无所知。因为前一段时间的事情，蔡小妹对妈妈不再那么亲近了，母女俩还不如原来分开的时候说话次数多。

幸亏最后蔡小妹家的生活情况恢复了往昔的光景，但是如果让蔡小妹从小知道父母的辛苦，在家里困难时期，蔡小妹就不会那么不体谅父母，也不会变得不喜欢和妈妈聊天说话，让亲子关系变得疏远了。

让留守孩子适当了解父母的事情是很有必要的。这样做不仅会让孩子了解到父母养家不易，也会让孩子懂得关心父母，对于父母做的事情也更容易理解，让孩子与父母之间的代沟逐渐被爱填平。

父母不能长期陪伴在孩子身边时，可以适当地和孩子聊聊自己的工作；当面对面的时候，父母不要总是询问孩子的学习情况。过分地督促会让孩子不愿和父母交流。这个时候，父母就可以和孩子谈一谈自己在工作中努力奋斗的事情，让孩子体会到父母在外打工的不易，这样的情感交流更能激励孩子好好学习。

赵军的妈妈自己开了家小公司，虽然现在收益并不是很多，却十分忙碌，一家人很难聚在一起聊聊天。即使是这样，只要一有时间，妈妈就会和赵军谈一谈公司的情况，她很喜欢把自己的经历说给孩子听，当谈到比较有教育意义的话题的时候，她总喜欢结合自己的体会给孩子讲深一些，希望孩子能有所收获。

赵军对这些事情很感兴趣，在放假的时候，还会经常帮妈妈处理公司里一些比较简单的事情，虽然这些事情微不足道，却让赵军学到了不少东西。看见妈妈忙得连饭都顾不上吃的样子，赵军暗下决心，要好好孝敬妈妈，他不断激励自己好好学习，不辜负妈妈的期望。

赵军的妈妈知道，只有让孩子亲身体会自己工作的辛苦，才能让赵军明白妈妈的期望，才能明白妈妈不能经常陪伴在他身边的苦衷。在妈妈的带领下，赵军也的确领悟了不少东西，这比父母每天不断地说教更有效。让孩子了解父母的事情，可以让孩子掌握交流中的主动权，不再是父母问孩子遇到了什么困难，而是孩子主动地亲近父母，跟父母交流，替父母分担。所以，父母平时有多累、多苦，都告诉孩子吧，让孩子多了解你，才能更好地和孩子交流。

除了工作和生活中的事情，父母还可以利用节假日多和孩子聊一聊各自的爱好，在了解孩子喜好的同时，也把自己的爱好告诉孩子。父母和孩子只有在互相了解了，才能进行有效地沟通。比如，告诉孩子你喜欢吃什么，在下次见面的时候，没准就会看到孩子为你做好了一道你喜欢吃的菜。虽然孩子做出来的饭菜口味不一定好，但那份心意却能令人十分感动，也能拉近亲子间的亲情，让沟通变得更顺畅。

平等信任，让留守孩子更爱父母

很多在外打工或不能长期陪伴在孩子身边的父母大多都十分关心孩子的学习情况，想尽办法为孩子制订好学习计划，希望自己不在孩子身边的时候孩子能好好学习，不让父母担心。即使做足了准备，父母还总是不放心，担心孩子管不自己，便经常用各种方法督促或者检查孩子的学习进度，结果孩子嫌父母多事，不领父母的情。

其实很多时候问题都出在父母过度担心上。孩子虽然小，但是不代表他们对自己的生活学习没有想法，更不代表他们一点儿管住自己的能力都没有。所以父母不在孩子身边的时候也不妨放宽心，要信任孩子，让孩子自己管好自己。

悦悦是个三年级的学生，人长得漂亮水灵，真是人见人爱。因为父母经常出差，使得悦悦不得不早早地就学会了买菜做饭，还得自己为自己挑衣服。因此她十分注意自己的形象，生怕有一点儿瑕疵会给别人留下不好的印象。每天上学前，悦悦都要仔细地打扮一番，头发一定要梳得一丝不乱才出门，着装就更不必说了。

妈妈发现了这一点，总是担心她因为打扮过度忘了学习这件正经事。

暑假又到了，这次老师留的作业格外的多，为了避免出现开学前加班赶作业的情况，悦悦和同学们制订了一个“假期作业计划”，这样每天写一些，他们最后还可以有一个星期的剩余时间。悦悦把计划告诉了出差归来的妈妈。妈妈虽然口头上说好，但还是担心一放假女儿就不照计划做，于是尽量减少出差的时间，每次一回来都是二话不说，先检查她的作业情况。

开始的时候，妈妈觉得悦悦总是上网，担心她忘了作业，便经常提醒她上网的时间不要太长了。悦悦受不了妈妈总是来“突击检查”，便在电话里说：“妈，这样好不好，每天七点我准时把作业通过邮箱发到您那里，您就不要总这样搞突击了。行不行？”

之后几天，每天一到晚上七点，悦悦就会把今天的作业整整齐齐地发给妈妈看。妈妈不相信女儿上了一天网还能写好作业，仔细检查后，的确写得很工整，而且很正确，看来还是很用心的。

之后一连好几天都是这样，妈妈才渐渐相信了女儿，突然间她发现女儿真的长大了，自己确实是多操心了。

悦悦虽然喜欢打扮，但是她并没有本末倒置，忘记自己的学习。她的妈妈只是看到表象，觉得女儿心不在学习上，不相信悦悦。最后悦悦用自己的行动证明，自己做事是很有分寸的，根本不像她的妈妈所想的那样。

很多工作忙碌的父母大多会犯和悦悦的妈妈一样的错误，只看表面，忘了根据事实去判断，因而对孩子的自律能力产生怀疑。所以父母应当改变以前判断事情的方式，不要单凭自己的想象而不相信自己孩子的能力。

父母应当试着改变自己操心的习惯。有的父母因为不能经常陪在孩子身边而感到愧疚，就习惯性地操心，总是觉得孩子长不大。孩子对这种“过分的关心”会产生反感情绪，本来想做的事变得不想做了，这就逐渐增加了亲子间的矛盾，让沟通变得不顺利。

如果父母真的担心孩子的情况，可以教导孩子坚持写自律心得日记。写心得会让孩子不断思考，通过思考，孩子就会慢慢地总结出经验和规律，并且发现自己的不足。发现自身的缺点会让孩子产生一定的危机意识，进而不断努力，提高自己的自律能力。需要提醒的是，父母要相信自己的孩子，不要偷看孩子的日记，否则只会弄巧成拙。

小雨的作文一直写得不是很好，为了提高她的作文水平，妈妈建议她写日记。其实语文老师很久以前就这样建议过她，但是小雨只是当天写了一篇，第二天就忘记了。

其实小雨也明白，偶尔写一两篇日记是不会有效果的，最重要的是坚持，但是平时她一写完作业就想看电视，哪还有心思写日记。

“我相信这点儿小事难不倒我们家小雨的，而且我保证不会那么无聊偷看的。”妈妈说道。

“嗯，我知道了。”有了妈妈的保证，小雨稍微放心了些。小雨跟自己的内心“战斗”了半天，终于把自己摁了下来，好好地写完了一篇日记，这让她很有成就感。

第二天，战争又开始了，电视现在上演她最喜欢的电视剧，她真的想一点儿不差地看完它。可是日记……写！不能辜负妈妈的信任。小雨一狠心，强迫自己坐下来，想起了昨天的“挣扎”、写完日记的心情以及刚才的心理斗争，那是她今天的日记的主要内容，她觉得自己好像有那么一点儿提高了……

“我以前听妈妈说过一句话，只要做好每件平凡的小事，那就是一件大事。现在我终于明白这句话的意思了。写日记我已经坚持了三个月了，写日记在每个人看来都是一件小得不能再小的事情，但是它却带给了我心灵的成长。妈妈很遵守诺言，真的没有像其他同学的妈妈一样偷看我的日记，我知道妈妈是相信我的……”小雨在日记中这样写道。

从小雨的日记中我们可以看到，父母的信任对小雨自律能力的提高有很大的影响，在她几乎就要向电视屈服的时候，父母的信任给了她很大的信心，可见父母的信任，对孩子的影响力是巨大的。

父母可以循序渐进地增强对留守孩子的信任。一口吃不成胖子，要父母立刻完全相信孩子在自己看不到的地方能照顾好自己，确实有点不现实，凡事都要有一个过程的。父母可以逐步增加对孩子能力的信任，多和孩子沟通交流，把自己的想法告诉孩子，同时要多了解孩子的想法，做到互相理解，才能做到互相信任。

留守孩子的家教更需要全家动员

随着留守孩子年龄的增长，这些孩子的父母们会觉得和孩子的沟通变得越来越困难了，于是这些父母不断寻找新的交流方式，有的父母可能会上网发帖求助，请教与孩子沟通的良方；有的父母从自身寻找原因，不断地自我反省；还有些父母去咨询心理医生，希望能寻找到与孩子交流的好办法。

这些办法虽然也有一定的可取之处，但最直接省事的方法是父母和长辈携起手来，共同教育留守孩子，调节亲子之间的关系。

父母通过长辈与孩子交流，可能会取得意想不到的效果：有的话在父母的嘴里说出来孩子听了可能会不耐烦，但是借他人之口说出来，孩子可能会有不一样的感觉，甚至会深以为是。

小玲对妈妈的感觉一直不太好，一是因为妈妈总是出差，她对妈妈的感情很淡，二是她总觉得妈妈老板着一张脸，不苟言笑，有时候讲个笑话全家人都笑得直不起腰来，妈妈却跟没听见一样，甚至不明白大家为什么笑。最近因为一件小事，小玲更不喜欢妈妈了

那天是妈妈的生日，虽然小玲不是很喜欢妈妈，但是还是精心为妈妈准备一份生日礼物——一个十字绣的钥匙坠儿，是小玲花了半个月的时间一针一线缝出来的。为了能赶在妈妈生日当天完工，小玲还有好几天绣到深夜，弄得她黑眼圈都出来了。

之所以想送妈妈这个生日礼物，是因为小玲无意间发现妈妈的钥匙

上什么也没有，只有一个挂钥匙的圈圈，没有坠儿，每次妈妈找钥匙都要在包里翻老半天，好几次还差点儿把钥匙丢了。生日当天，小玲高兴地拿着精心绣制的钥匙坠儿，替妈妈系在钥匙上。妈妈见了之后，只是嘴角抽动了一下，似笑非笑的样子。小玲知道，这对天生不会笑的妈妈来说已经难能可贵了。

可是不久之后，小玲见到出差归来的妈妈拿钥匙开门，她系上的钥匙坠儿居然不见了！小玲当场就想质问妈妈是不是把她送的钥匙坠儿弄丢了，但是见到妈妈一脸没事的样子，小玲就猜到妈妈根本没把她的心意放在心上。在妈妈开门进屋之后，小玲就一直生气地瞪着妈妈不说话，而妈妈对小玲只是惊讶地挑了挑眉。这让小玲感觉更不舒服了，对妈妈的气愤瞬间倍增，她对自己说："以后再也不跟妈妈说话了！"

对于小玲的情绪变化，妈妈并不是没感觉，只是不知该怎么跟女儿说，说些好听温柔的话那不是她能做来的。正巧这一天小玲的姥姥来了，妈妈就想让姥姥问一下到底是怎么回事。

小玲和姥姥的感情一直很好，就把这件事告诉了姥姥，姥姥笑着说："妈妈不用你绣的钥匙坠儿，不是觉得你做不好，而是因为是你绣的，妈妈很珍惜，给珍藏起来了。你真是个傻孩子。"

"啊？我还以为妈妈给弄丢了呢……"小玲不好意思地说。知道妈妈这么重视自己的礼物，小玲忽然觉得妈妈并是那么古板的。

试想一下，如果没有姥姥的介入，小玲还在跟妈妈生闷气，不跟妈妈说话。不善言辞的父母在遇到这种事时，可能永远也不会说出自己的心里话，那么孩子与父母之间的关系就可能越来越疏远了。因此借助长辈的力量来和孩子沟通是个很可行的方法，与孩子沟通有障碍的父母不妨改变沟通策略，找个“第三者”来帮自己一把。

现在很多家庭只有一个孩子，爷爷奶奶对于新生的一辈总是特别的宠爱，很多孩子比较喜欢听爷爷奶奶的话。因此孩子的父母不妨借助爷爷奶奶的“发言权”，多给孩子讲一些自己当年比较优秀的故事，这样可以在孩子心中树立起父母的好形象，拉近孩子与父母之间的距离。

因为妈妈工作比较忙，月君跟着姥姥一起长大，姥姥经常给月君买好吃的，在月君享受着美味的时候，姥姥总喜欢给她讲故事。姥姥知道的故事特别多：童话、神话、名人逸事、坊间新闻。月君最喜欢听姥姥讲妈妈小时候的故事。

“你妈妈小时候学习特别用功，成绩总在班级前几名，你妈妈小时候的奖状我现在还收着呢！”姥姥慈祥地说。

“真的吗，妈妈小时候真这么厉害啊？”月君满脸的不可思议，没想到妈妈当年那么“辉煌”。

“不信，我这就去拿你妈妈的奖状，让你看看。”姥姥说着就在屋子里的柜子下面拿出一个盒子，打开后都是一张张崭新的奖状，姥姥保存得很好，上面都写着妈妈的名字。

“怎么样，信了吧！你妈妈小时候很听话，我特省心。”姥姥顿了顿，“谁知你妈竟生出你这小调皮鬼，都快让姥姥把心操碎了！”

“姥姥，妈妈真厉害！我要像妈妈学习，不让姥姥操心了。”月君仰着脸对姥姥说道。

“月君真懂事，姥姥可越来越喜欢月君了！”姥姥满脸慈爱，说道。

通过姥姥讲妈妈小时候的故事，让月君对妈妈的过去有了较多的了解，也让月君更加佩服妈妈，从而引发向妈妈学习的欲望。对于孩子来说，这是个不错的方法。若孩子对父母的教育方式有偏见或误解，也可以通过这种隔代交流的方法去化解。

除了父母和长辈互相帮助，父母之间也可以互相“帮助”。如果几个年龄相仿的孩子恰好同在一个小区，又经常在一起玩耍，那么父母可以借孩子朋友的父母之口表达对孩子的赞赏和鼓励，这种“曲折式”鼓励也会给孩子带来很大的动力。

不在孩子身边，父母更要多注意与孩子沟通

语言是一种直接表达思想感情的工具。长期无法与孩子生活在一起的父母更要利用好身边的一切沟通方式，把心中的爱告诉孩子。如果父母不向孩子表达心中的爱意，就无法让孩子理解自己、亲近自己。

只要拿出勇气，“爱”这个字是很容易说出口的。不要因为羞涩而拒绝表达自己的爱。在孩子的成长过程中，父母不仅自己要懂爱，还要让孩子知道爱的重要性，并学会对自己关爱的人大声说出心中的爱。

王猛是个很懂事的小男孩，平时说话总是一副小大人的口气，让人觉得他很早熟。因为父母的工作原因，王猛与父母长期分离，不得不和年迈的爷爷生活在一起，因此他在生活上十分独立，说话做事也像个小大人一样。

有一次周五开班会，班主任对同学们说：“同学们，我们班要举行一次‘大声说出爱’的活动。活动的主题是你们每个人都要向自己的父母说出‘爸爸，我爱你’和‘妈妈，我爱你’。为了防止个别同学应付差事，你们必须将当时的情况记述下来，并且要有父母的亲笔签名。如果有父母不在身边的，就要通过电话或者网络聊天对父母说出自己的爱。周一你们将写好的材料交上来，之后我会电话家访，看你们是否作弊。请同学们加油！”

教室里一片哗然。王猛感觉很郁闷，他认为像他这样的男子汉不应该做那么肉麻的事情。

回到家以后，王猛冥思苦想，但就是想不出好办法。

晚上，王猛先给爸爸打了一个电话，把这件事说了，恳求道：“如果老师给爸爸打电话，爸爸能不能说我已经说过了？”

爸爸犹豫了一下，在电话里对王猛说：“儿子，你真的想这样做吗？”

王猛说：“那句话只有女孩才会挂在嘴边说，我是个男子汉，是做实事的人，怎么能说出这么肉麻的话呢？”

“儿子，先不说别的了，我给你讲个故事吧！”爸爸在电话里说。

王猛说：“好的。”

“一个年轻的出租车司机在载客的时候遇到了几名劫匪。司机没有配合劫匪，被他们打得面目全非，只剩下一口气。”还没等父亲说下句，王猛就义愤填膺地说：“那帮劫匪真是太可恶了。”

“劫匪见出了人命就逃走了。那个司机却坚持开车回到了家。”爸爸继续说道，“原来司机是惦记着刚出生不久的女儿，才拼命开车回家的。据他的妻子说，他很爱他的女儿，每天收工回家都会又亲又抱的。”

爸爸讲完了故事，然后在电话那头问道：“儿子，你明白爸爸的意思吗？”

王猛说：“不太懂。”

爸爸说：“爸爸是想让你明白，那个司机对女儿的爱是深厚的，他的女儿却永远失去了说‘爸爸，我爱你’的机会。”

王猛恍然大悟，说：“您的意思是让我抓住眼前的机会勇敢地说出那几个字吗？”

爸爸说：“儿子，每个人都需要被爱，也都会去爱别人，这是很正常的事情。向他人表达情感的最好办法就是大胆地说出来。

“其实，我小的时候也像你这样不好意思对父母说爱他们，但当我有了自己的家庭，有了你以后，才真正了解那几个字的意义。于是，我向你的爷爷、奶奶说出了那几个字，他们当时激动得就像孩子一样。那时候，我觉得很惭愧，但也很幸福。”

“爸爸，我明白了。爸爸，我爱你，谢谢你。”王猛突然大声对着电话亲了一下，然后说，“我现在就给妈妈打电话，告诉她，我很爱她。”

“嗯，爸爸妈妈爱你，很爱很爱你。”爸爸欣慰地笑着说。

王猛自认为是个小男子汉，不愿意说出“爸爸，我爱你”这样的话，在班主任老师布置了任务的情况下，他只能硬着头皮给爸爸打电话。他本来是想请爸爸帮自己说谎，但爸爸却借此机会教育王猛应该勇敢地说出“我爱你”，以免失去机会。同时，爸爸还让他明白无论是爱或被爱，最简单的表达方式就是直接说出来，无论他们是否生活在一起，都是相互爱着对方的。

法国批判现实主义作家莫泊桑曾经说过：我们几乎是在不知不觉地爱自己的父母，因为这种爱像人活着一样自然，只有到了最后分别的时刻才能看到这种感情的根扎得多深。“爱”虽然只有一个字，但它代表了自己对他人的情感。如果用言语将爱表达出来，那么别人就会知道自己在对方心目中的位置。在生活中，人们会因为有爱而变得更加美好、幸福。

所以，即使父母和孩子不能每天相见，也要多使用电话、短信、邮件、视频等方式进行沟通，勇敢地把自己对对方的爱说出来，这样才能让亲子关系融洽起来。

第三章 重视留守孩子的心理健康

留守孩子比其他孩子更难管教，更容易出现心理问题。因为父母经常不在孩子身边，所以这些孩子的心理问题常常被家人忽视，导致孩子的心理问题越来越多，越来越严重。比如，叛逆、抑郁、焦虑、冷漠等。这些心理问题时刻困扰着留守孩子，让父母头疼，且束手无策。

留守孩子更易产生逆反心理

因为父母经常不在孩子身边，留守孩子因为缺乏父母的正确管教和引导会变得叛逆，尤其是孩子在重新回到父母身边后，由于不适应和父母相处，也容易产生出逆反心理，这对孩子的成长十分不利。

李悦今年35岁，有一个刚满7岁的儿子叫冯小天。因为工作的原因，李悦和丈夫很少陪伴在儿子身边，两个人经常出差，一出差就把儿子送到父母家中，由长辈代为照顾。

冯小天聪明伶俐，十分招人喜欢。一开始，李悦还觉得有些愧疚，但看儿子并没有因此而不好好学习，就经常一个月才见儿子一次。

这样忙了几年，等儿子马上要读初中时，李悦才减少了工作的时间，把儿子接到了身边来照顾，发现儿子有个不太好的习惯——爱看电视。

只要电视一打开，冯小天就会冲到电视机前面，津津有味地看起来。李悦想了很多方法，都没改掉他这个毛病。

后来，李悦发现儿子不仅白天看电视，晚上到了睡觉时间仍不愿意从电视前面离开，而且还总霸占着电视，只要是他想看的节目，便不允许别人换台看其他节目。

“冯小天，该睡觉了，快把电视关了睡觉去。”这天晚上，已经九点了，冯小天还坐在电视机前一动不动，李悦一气之下把电视关掉了。

这一关可不要紧，冯小天立马就闹起来了："谁让你关的？我还没看完呢！"

"你这孩子……"李悦气得说不出话来，"怎么越来越不听话了？快睡觉去。"

"不睡，我就要看电视。"冯小天瞪着眼睛看她。

这时候，冯小天爸爸走过来，看看时间刚九点，就笑着把电视机又开开了，说："才九点，让孩子再看半个小时吧。来，小天，和爸爸一起看这个节目好不好？"

爸爸把电视换到了教育频道，本来想趁机让儿子学些新知识，可节目一播放，里面是枯燥无味的讲课，冯小天立马又不干了："谁要看这些东西了？我在学校都学完了，快换到体育频道，比赛正在关键时刻呢！"

"你现在还是学生，应该多学点儿知识，体育比赛有什么好看的！"爸爸一开始还保持着微笑，见小天一直板着脸，最后竟然摔门回了自己房间，才察觉有不妥的地方。

他对李悦说："孩儿他妈，小天不会是到了叛逆期吧？"

之后几天，正如小天爸爸所言，小天变得越来越不听话，还直嚷着要回爷爷奶奶家，不愿意和父母住在一起。

长时间生活在爷爷奶奶身边的孩子，很容易在爷爷奶奶的宠爱下变得以自我为中心，再回到父母身边后，就会觉得有些不适应，认为父母管得太多、太严，不如在爷爷奶奶家里生活得自在。这时候，如果父母没有处理好和孩子之间的关系，就会让孩子产生逆反心理，不管父母说什么，他都不理会父母的意见。

一般情况下，孩子产生逆反心理主要是为了维护自己的自尊。比如，虽然孩子心理上是认同父母意见的，但因为父母没有与他进行有效沟通，使他感到自尊受挫，为了维护自己的自尊心，他便变得与父母“作对”，变得“不听话”了。

很多时候，孩子在爷爷奶奶家里，因为爷爷奶奶的宠爱，家里的焦点都集中在孩子的身上，一旦回到父母身边，孩子便希望父母的焦点也会停在自己身上，因此就会做出一些出格的事情，如果目的没有达到，他会认为可能是自己表现得还不够突出，从而越发显得“叛逆”起来。

田姐因为工作繁忙，每周周末才有时间陪在儿子身边，幸好儿子特别喜欢冒险，总是带领一帮小朋友在小区里四处探密挖宝，每次发现了什么新事物，总是在周末向她显摆。儿子有事情可做，田姐觉得是一件好事，就没让家里的人打击他的好奇心。

有一天，忙了一周的田姐刚回家就听说，儿子为了探险，竟然把小区里一楼住房的玻璃给砸了，说要去人家家里寻找宝物。这让田姐十分头疼。

“以后不准再去寻什么宝物，也不准砸人家玻璃了，否则妈妈要严厉惩罚你！听到没有？”见到儿子，田姐狠狠地训斥了他一顿。

儿子手里捧着一堆不知道是什么的东西闷头回到自己房间。

后来，田姐把这件事情和老公说了一遍，两个人又把儿子训了一顿。儿子红着眼圈一声不吭。之后，他们又开始了新的忙碌的一周，谁也没有时间去教育儿子。

田姐以为通过这次教训，儿子一定会老实一段时间，可谁知道两周后，当田姐好不容易抽空回家去见儿子时，又听说儿子把人家的玻璃砸了，而且这次好像还是故意砸的。

“儿子，这是怎么回事？不是告诉你不能砸人家玻璃吗？”田姐很生气，本来还以为两周没见了，会有个和睦相处的时间，谁知道儿子这么不懂事。

“哼，我就砸，我偏砸，明天我还去砸他家玻璃！”一向特别听话的儿子突然顶起嘴来，说完话就跑回自己房间，“砰”的一声把房门关上了，吓了田姐一跳。

在心理学领域，逆反心理是儿童真实情感的自然流露，在孩子的成长过程中比较常见，正常情况下，逆反心理会随着年龄的增长以及见识的增加而减少或消除。不过，留守孩子的情况比较特殊，因为缺乏相处的时间，孩子感觉不到来自父母的爱和照顾，逆反心理会反复地出现，还可能慢慢地由逆反“进化”为狭隘，那时再想纠正就不容易了。

如果确实是父母的时间比较紧，不能和孩子相处过长的时间，那么在面对孩子的时候，父母要学会正确、有效地与孩子沟通，千万不要和孩子进行“负面”交流。父母在和孩子说话时，最好能蹲下身子，与他平视，这样会让他感到安心，交流起来会更加自然、流畅。再有，语气要和善，不能因为家长心情不好或正在忙其他事情就一脸不耐烦地对孩子说话，这种时候，他不顶你又顶谁呢？

缺少爱的留守孩子容易抑郁

心理研究表明，当孩子长期生活在缺乏父母关心的环境下时，性格会变得过于内向、不爱说话，喜欢独来独往，这样的孩子比其他孩子更易患上抑郁症。因为缺少父母的关爱，性格内向的孩子内心世界敏感且脆弱，性格比较软弱，在生活中遇到挫折时，常表现得很无助、手足无措，找不到可以帮忙的人，也不愿意让他人分担自己心里的苦闷，时间一长，自然就会感染上抑郁的“病毒”。

黄小雪最近在学校不仅性格沉闷，还越来越不爱说话了，老师提问题让她回答，她都支支吾吾说不出来，但是她做试卷的答案却很正确。

“是不是我提问的声音太大，吓到她了？”老师不禁自问。以后再提问的时候，老师的语气柔和了很多，但这样也没让黄小雪亲口把问题回答上来。

黄小雪的情况一天比一天严重了，到后来，黄小雪在学校里基本不和同学来往，也没听她开口说过话。老师觉得这太不正常了，就把她带到了学校的心理咨询室。

通过检查，心理老师说黄小雪很可能患上了自闭症。老师吓了一大跳，赶紧和她的父母联系，这才知道黄小雪的父母前段时间刚刚离婚了，因为父母感情的问题，他们已经很长时间很少和小雪说话了。

经过专业的心理师的检查、分析，最后确认黄小雪的确患上了轻微的自闭症，主要是由缺乏父母的关心造成的。黄小雪的爸妈听到这一结果十分自责，他们虽然知道夫妻不和会对孩子造成影响，但没想到影响会这么大。

如果父母因为某些原因忽略了对孩子的关爱，孩子很有可能因此患上自闭症，表现为与他人沟通的能力下降，语言能力较差，不能和他人进行正常的语言交流。有些孩子本来语言能力较强，若是患上自闭症，他们的语言能力也会出现倒退现象，与人沟通也会出现障碍。因为父母在孩子身边的时间较少，再加上很少关注孩子的成长问题，就会很容易忽略孩子的心理问题，导致严重的后果发生。

有些孩子在患上自闭症后智力会大幅度下降，表现出低智商、零思考等症状，对孩子的成长发育十分不利。

自闭症又叫孤独症，不管是成人还是孩子，都可能患上自闭症，在家庭不和谐、缺少父母关心的孩子身上更易出现。此病多发生在儿童早期，常表现为儿童情感、语言、思维等多方面发育障碍。

当孩子的家庭出现问题时，如父母不和、留守、家庭暴力等情况，孩子长期压抑自己的情绪，又不知道怎么向他人寻求帮助，很容易将真实感情封闭在自己内心深处。慢慢地，孩子就有可能不知道如何和别人交流，以至于丧失语言能力，产生自闭性格。

遇到这种情况，父母要克服自己的困难，多抽出时间陪伴在孩子身边，主动和孩子沟通交流，谈一谈孩子最近的学习情况，或者询问孩子感兴趣的话题，让孩子主动和你聊他的事情和心事。

不过，有些父母虽然发现孩子和正常孩子不一样，但由于缺少和孩子相处的经历，没意识到事情的严重性，对孩子主动提出的话题经常敷衍了事，没有真正给予孩子关心和爱护，这样就会让孩子变得自闭起来，宁愿父母不在自己身边。

刘凯文是一名初中男生，和其他男孩子相比，他性格比较内向，比较腼腆，不太爱和同伴打闹，也不太愿意和其他人说话。

刘凯文的父亲是一名工程师，经常在外地一待就是三五个月，很少陪在儿子身边；刘凯文的母亲因为和父亲闹离婚，也经常见不到面，很多时候家里经常只有刘凯文一个人。

这一天，父亲终于回来了，刘凯文很想和父亲聊聊天，他犹豫了很久，来到了父亲的身后，小声说："爸爸，我有些事想和你聊一下。"

"好啊，是什么事呢？"爸爸正在看最喜欢的足球比赛，虽然对儿子的表现十分惊奇，想认真听儿子说话，但球赛比赛到了最关键的时刻，他舍不得把眼球移开。

刘凯文见爸爸是这种态度，心就凉了一半，支吾半天，决定什么也不说了。以后的日子里，他更是闷闷不乐，总是没有精神的样子。

三个月后，学校的老师告诉刘凯文的父母，刘凯文已经患上轻度的抑郁症时，父母惊呆了，不知道该如何是好。

孩子在遇到困难或挫折的时候，最先想到的就是依靠父母。如果父母在孩子寻求帮助的时候敷衍了事，对孩子说"这没什么，你不要大惊小怪"，那就错了。因为这些话并不是孩子想听到的答案，他想让父母在这个时候拉他一把。就算父母不能长时间陪在孩子身边，但是只要孩子有需要，就要及时倾听他们的苦恼，伸出援手，给予必要的帮助。

如果孩子愿意和父母交流，将心里话讲出来，父母就要再多关心他一点儿，多鼓励孩子。父母千万不能失去与孩子交流的机会，让孩子关上自己的心门。

除了增加和孩子的相处时间，父母还要让孩子远离封闭的空间。现在不管是城市还是乡村，高楼大厦随处可见，孩子连个玩耍的草地都没有。在这样的封闭空间里，孩子玩耍的本性受到了抑制，如果再缺乏父母的陪伴，难免会生出一些阴郁心理，逐渐地变得抑郁、自闭。

抑郁症的产生大多与压力过大、家庭不和有关。性格内向的孩子无法排解心里的压力，就有可能产生抑郁的心理。当父母发现孩子过于内向，和他人沟通出现障碍时，应当立即考虑如何缓解孩子的情绪，让他远离抑郁的阴影。父母应该鼓励孩子做一些能放松心情的事情，比如听听音乐，参加一些户外运动等。

父母不要忽略孩子的焦虑情绪

孩子在学校学习，不仅要面对课程学习的诸多任务，还要学着处理人际关系，因此孩子的负担比较重。这个时候，他们常常希望父母能理解自己的困难，并及时给予指点。但是，现在的父母大多处于激烈的社会竞争之中，为了生活奔波劳累，忽略了孩子成长和学习的问题，因此孩子感觉不到来自父母的爱，从而压力骤增，产生焦虑心理，甚至变得自暴自弃。

孙锦是一名初中二年级的男生，不仅长得帅气，学习成绩也是数一数二的，不管是在学校还是在家里，都备受瞩目。但是这次期中考试，不知道什么原因，孙锦的成绩一落千丈，当爸爸看到他的成绩单时，狠狠地把成绩单摔在了地上。

“你最近都在干什么？我们辛辛苦苦供你上学，你就拿这样的成绩让我和你妈丢脸！从明天开始，你别出去玩了，什么时候成绩上来了再说。”爸爸严厉地说道。

孙锦的脸马上就变了色，眼里含着泪对爸爸说：“爸，我不是故意的，下次我会考好的。”

“下次考好了再说，现在赶紧去学习。”

“可我和同学约好了去打球……”

“成绩都成这样了，还打什么球啊！”说完，爸爸便不再听他说话，扭头回书房继续忙自己的工作去了。

孙锦觉得很委屈，心想自己只是一时失利，怎么爸爸只看到自己这次的坏成绩，而没想起自己以前的好成绩呢？既然这样，还不如一直坏下去。而且爸爸和妈妈总是把家当成旅馆，住一两天就消失七八天，回来之后只知道责问自己，凭什么啊？

孙锦越想越生气，看着爸爸离去的背影，心里下定了决心：明天照样去打球，以后再也不认真学习了。

事例中，孙锦的爸爸虽然很关心孙锦，很希望孩子能成才，可是他没有深入理解孩子的心理，采取了最简单、最令孩子厌恶的教育方式——不问青红皂白，只要孩子成绩不理想，就要责难和惩罚孩子。

孙锦爸爸的这种方式给孩子带来了很大的心理压力，最后导致孩子心情变得焦虑不安，进而自暴自弃起来。

这种情况在留守孩子身上经常可以见到。由于父母长期不在孩子身边，只会用考试分数来评价孩子，让孩子产生巨大的压力，焦虑不安，时间一长，孩子很容易就会对父母产生抵触心理，一见到父母情绪就会失控，难以冷静。逐渐地，这种不冷静的处事风格就会影响孩子的学习和生活，让孩子变得情绪暴躁，难以理解。

留守孩子的父母常常为自己孩子的情绪化行为感到头疼，觉得自己的孩子太难管了，遇点儿事就闹腾起来，实在是太气人。父母由于平时时间很少，所以在管教孩子的问题上束手无策，左右为难。

其实，这些父母除了增加陪伴孩子的时间，还应加强孩子冷静理智处理事情的教育。这方面的教育工作可以帮助孩子塑造良好的性格，是塑造孩子性格的“安全带”，能减少孩子情绪化的盲动行为，还能帮助孩子趋利避害，更好地保护自己。

王西桐是一名男生，最近他有些苦恼，经常面带愁容，一副没精打采的样子。他的爸爸妈妈在半年前都出外打工，很少回来看他，他心里的烦恼都不知道向谁诉说。

这一天，王西桐刚回到家，发现爸爸突然回来了。

“爸爸，您怎么回来了？”

爸爸没回答他的问题，只是笑着说：“儿子，你最近怎么没精神啊？”

原来，爷爷奶奶早就注意到了王西桐的异样，就把爸爸叫了回来，希望他们父子俩谈谈心，帮助王西桐解决心里的问题。

王西桐回答说没什么事。爸爸笑呵呵地坐到了他旁边，说道：“没事，咱们就谈谈心，爸爸很久没和你谈心了，有很多烦心事啊！”

“爸爸，我也有烦心事。”

“咦！你刚不是说没事吗？”

“我……”

“不相信爸爸吗？和爸爸讲讲，好吗？”爸爸笑道。

王西桐这才支支吾吾地说道：“最近我总是控制不住自己的情绪，好像经受不住打击，稍微有点儿挫折就乱发脾气。”

“原来是这样啊！那你要学着让自己冷静一点儿，首先你要做到遇事不惊。”

“遇事不惊？”

“对，不管遇到什么事情，先试着让自己平静下来，如果感觉控制不住自己的脾气，那就试着深呼吸几次。只要能让自己的情绪逐渐冷静下来，你的理智就会回来，就不那么容易发脾气了。”

“好像有些道理。”王西桐托腮想了想，郑重地点了点头，说道，“爸爸，谢谢您，下次再不开心的时候，我一定会试试您说的这个方法的。”

“嗯，虽然爸爸妈妈一直在外面工作，不能时刻陪在你身边，但你有什么问题，一定要和我们说。要知道，爸爸妈妈永远都是爱着你的。”爸爸叹息着摸着他的头，诚恳地说道。

“嗯。一定！”王西桐眼中一热，差点儿哭了。

虽然相隔这么远，爸爸妈妈还是这么牵挂着自己，自己真是个被父母爱着的幸运孩子。王西桐心想。

感到孩子心情焦虑，容易激动的时候，父母应增加陪伴孩子的时间，了解孩子焦虑不安的原因，并和孩子一起解决所遇到的问题。这样不但能提高孩子的自信心，激励孩子迎难而上，还有助于孩子以后遇事更加冷静沉着地应对，学会自我控制情绪。

孩子表现得冷漠，父母怎么办

如今，为了养家糊口，很多人纷纷离开了自己的家、孩子和亲人，来到大城市打拼。他们舍弃家人，投入繁忙的工作之中。

孩子的成长是离不开父母的，如果父母经常不陪在孩子身边，孩子就会逐渐对父母感到陌生，让亲情变淡。

女孩李想小时候是爸爸妈妈的小棉袄，可随着年龄的增长，她却变得越来越安静，跟爸爸妈妈在一起时说话越来越少。以前李想可不是这样的，她经常拉着妈妈说话，讲她在学校遇到的“奇闻异事”，或者让妈妈陪她一起读书写字。为什么她现在会变成这样呢？

原来，李想的父母在她上小学一年级的时候就外出打工了，经常是一两个月才回来一次，虽然每次他们都会为她带很多好吃的，但她还是觉得很孤单，认为爸爸妈妈并不爱她，否则怎么会那么长时间不陪自己呢？

有了这样的想法后，李想对父母的态度就冷淡了很多，每次爸爸妈妈回来，她也不再陪着他们聊天了。

这一次，妈妈有了十天的假期，就回来陪李想，每天接送她上下学。但每天下午妈妈接她回家后，她就一个人坐在房间里，一句话都不跟妈妈说，妈妈问话，她只是很礼貌地答一声，看起来跟妈妈的关系一点儿也不亲密。可是当爷爷奶奶回来时，她就会兴高采烈地跑过去，钻到奶奶的怀里一起看电视，或者让爷爷带她做游戏、教她读书写字。总之，她和爷爷奶奶很亲近，对爸爸妈妈越来越疏远了。

为此，李想的妈妈感到很委屈，她觉得自己一直很爱女儿，做什么事都为女儿着想，虽然平时教育李想有些严厉，但这完全是为了女儿好，希望女儿能健康地成长，不染任何不良习气。自己外出打工，是为了多挣点儿钱，为女儿的以后做打算。

然而李想不但不领情，反而越来越疏远父母了。李想的妈妈为此十分苦恼："万一女儿长大了不认我这个妈了，我该怎么办呀？"

一般来说，小孩子是最天真的，谁对他好，谁了解他的生活习惯、喜怒哀乐，他就愿意亲近谁。反之，如果你是个过于严厉、不能经常陪伴孩子、对孩子缺乏耐心的家长，那么孩子就会不愿意亲近你，他会因害怕说错话、做错事受到批评、惩罚，或者因不满你的强制性行为而保持沉默。

李想对妈妈不亲近的主要原因是因为妈妈长期不在她身边，让她感到孤单，从而对妈妈产生了一定的冷漠感。这是很多留守孩子都会产生的心理问题。留守孩子一方面渴望父母的关怀和爱护，一方面却在面对爸爸妈妈时感到胆怯，甚至产生一定的怨恨心理，而对爸爸妈妈越来越冷漠，不愿意同他们说话。

这时候，父母不能只顾着自怨自艾，要积极地想办法拉近和孩子之间的关系，让孩子不再对自己冷漠，无话可说。

柳眉是一名教师，因为带着毕业班的学生，工作非常忙，将时间和精力都放在学生身上，晚上下班回家还要批改作业，有时还给成绩差的学生做辅导。对自己的孩子，她反而较少关注，经常答应要带孩子出去玩，结果转眼就忘了，她还把女儿送到外婆家里，让家里的长辈帮忙带孩子。这种做法差点儿让母女俩的感情变成一潭死水。

暑假的时候，看着自己的学生考入理想的学校，柳眉很高兴，她终于不用再像以前那么累，可以多陪女儿一段时间了。

柳眉计划带女儿出去旅行，去迪士尼乐园，让女儿好好玩一次。当她告诉女儿这个计划后，女儿一点儿都不高兴，反而说："妈妈，您忙您的工作吧，不用管我，我和爷爷奶奶去公园玩就很高兴了。"

说完这话，女儿轻声嘀咕道："反正妈妈总是说话不算数，这次肯定也一样！"

柳眉很意外，原以为女儿会很开心，没想到她居然不愿意跟自己一起玩。这时，她才发现，自己长时间没有陪伴女儿，女儿开始疏远她，而且不再相信她了。后来，柳眉想了很多办法，还专门请教了一些心理学专家，想重新建立起自己和女儿的亲密关系。

自那以后，柳眉每天晚上都会抽出时间陪孩子看一会儿动画片，或教孩子画画，陪孩子做游戏，哪怕只是几十分钟，她都会每天坚持，等孩子睡着后她才继续忙自己的事。每个周末，她会抽出半天或一天的时间，让女儿决定去哪里玩，然后高高兴兴地带着女儿去，最大限度地满足女儿的心愿。

有空的时候，她会故意承诺女儿一些事情，然后很快做到，让女儿渐渐转变对她的看法，让女儿相信自己是个诚信的妈妈，不会骗女儿，也不再随便把女儿送到长辈家中，不管自己有多忙，都坚持自己带孩子。

几个月后，女儿和柳眉的关系逐渐亲密起来，不再有意疏远她，有时甚至还会说“妈妈，您也要早点儿睡，您累坏了身体，女儿会心疼”之类的话，令柳眉十分感动。

很多时候，爸爸妈妈因为做自己的事情，常常回家很晚，既不顾家，也不顾孩子，很少陪孩子学习、玩耍，几乎抽不出时间来陪孩子。这样孩子感觉不到父母的关爱，自然会逐渐疏远他们。

如果父母总是说话不算话，答应孩子的事不能很快办到，总以“工作忙”“下次再说”等借口搪塞孩子，这就会给孩子树立一个反面教材。久而久之，孩子就不再相信父母的话，自然也就不愿与父母亲近了。

作为最疼爱孩子的妈妈，当孩子疏远你时，你会感到委屈、难过甚至伤心。如果孩子跟你不亲近，那是与你对孩子的态度、表现出的行为有着密切关系的。你要反思自己的行为，是不是自己过于“疏远”孩子，才导致这样的情况产生。作为父母，如果想让孩子重新爱上你，不再疏远你，那你就要从孩子的心理出发，满足孩子最需要的那份关爱，而不是做自己认为正确可孩子并不领情的事。

不要让孩子对生活感到失望

对留守孩子来说，遭受失败的打击是很严重的，尤其是遭受一而再、再而三的失败，却没有父母在身边鼓励他们，他们便会逐渐丧失奋斗的勇气，变得破罐子破摔，不再努力，也不想从眼前的困境中逃脱出去。哪怕眼前出现一扇光明之门，留守孩子也会视而不见，不愿意再次经历失败。这其实是一种绝望的心理。

黄胖胖是一名初三的学生，本来是个性格开朗、爱说爱笑的大男孩。最近，父母离异对他的打击太大了，再加上初三学习压力太大，他总流露出一种对生活绝望的情绪，见人就说活着早晚也要死，这么拼命做什么。

这天，黄胖胖没去上学，而是在家里睡懒觉。父母离异后，他跟着爸爸一起生活。当天，爸爸很晚下班回来，发现儿子房间的灯还亮着，就来到他房间问："儿子，你今天为什么没去上学？生病了吗？你的老师给我打电话，说你如果生病的话要请假，以后别不声不响地就不上学。"

黄胖胖没回答，不耐烦地翻了个身，躺床上继续养神。

"怎么不理爸爸，真生病了还是装病？"爸爸本来想回屋睡觉，见儿子有些异常，就走到了床边。

黄胖胖看了爸爸一眼，懒懒散散地回答说："反正我成绩不好，再学也比不过年级第一名，还不如在家睡觉呢！反正人早晚都是死，学不学东西有什么区别？"

"儿子，你怎么这么说呢？做人不能太消极啊！"

"我没消极，只是讲事实而已。算了，在家也睡不好，我以后还是去学校混吧！"说完，他气恼地甩了甩头，从床上跳下来，进了洗手间。

留守孩子的这种心理，也被称为"习得性无助心理"。"习得性无助"指因为重复的失败或惩罚而造成的听任摆布的行为。"习得性无助心理"是指那些通过学习失利而形成的一种对现实的无望和无可奈何的心理状态。

受习惯性无助心理的影响，留守孩子在生活中遇到麻烦时总是往坏处想，看不到事物美好的一面时，常常出现悲观消极的思想，总觉得生活没有乐趣，悲观失望。其中一部分原因是孩子年龄、阅历等缘故，对自身的能力认识不足，走入思维的误区所致，另一部分原因则是由于家庭失和、父母长期不在身边导致的。

因此父母应更多地关心留守孩子，即使不能常常见面交流，也要多打电话，多表达自己的关心和爱护，帮助孩子正确认识自己，了解自己的能力，树立正确的人生观和价值观，让孩子相信自己，相信生活是美好的。

父母还要让孩子明白，人生在世，不如意的事十有八九，不能因为经历了一两次的失败或打击就悲观绝望，不再努力。留守孩子的承受力往往是有限的，当意想不到的问题出现时，他们常常依赖身边的人去解决，或者逃避眼前的问题，很难面对眼前的事实，总觉得自己一个人肯定不能解决问题，对自己没有信心，而且觉得事情结果是不受自己控制的，也和自己无关，只想甩手将问题扔给别人。

如果父母纵容孩子这种想法和做法，以后再出现类似的问题，孩子仍会想着依靠父母而逃避现实，最后成为一个离不开父母的“寄生孩子”。所以父母在忙碌之余，要抽出点儿时间来教育孩子，让孩子懂得只有接受现实才能改变现实，才能更好地成长。

工作了一周的妈妈终于有时间陪自己的女儿乐乐一天了。当妈妈准备带乐乐出去玩时，女儿却伤心地跑到了自己身边。

原来乐乐不小心把最喜欢的日记本撕坏了，她着急地找到妈妈，伤心地说道：“妈妈，我的本子破了，怎么办？我想要我原来的本子。”

“宝宝，不难过，我们一起把它粘好怎么样？”

“可是我以前也粘过，粘不好，还是会坏的。呜……我肯定做不好的。”乐乐哭道。

“那我们换个新的，怎么样？”妈妈皱着眉头说。

“不要，我就要这个本子。”

“那怎么办？”妈妈看着热泪盈眶的女儿问。

“我不知道，妈妈，我也不知道该怎么办。”

妈妈无奈地抱住女儿，轻轻地拍着她的后背，安抚道：“乐乐不哭，妈妈不会训你的。本子破了，我们一起来粘好它，好不好？”

“妈妈……我做不好的。”

“没关系的，妈妈会在一旁帮你的。”

“呜……妈妈……我真的能做到吗？”乐乐低声说，“以前我都粘不好，这次真的可以吗？要不然，妈妈你帮我弄吧，我真的弄不好。”

“不行，你如果不迈出这一步，以后肯定还会遭遇失败。妈妈这次帮你一起粘，下次再坏了，你还是要自己粘，不能总是依靠妈妈。”妈妈说。

如果留守孩子遭遇过多的失败，就会受到严重的打击，也就会逐渐出现习得性无助心理，总想要逃避现实，并且不希望这个世界有任何不完美的事情发生。他们会怀疑自己的能力，总希望借助他人的力量来解决自己的问题，甚至觉得任何问题都和自己无关，变得越来越懦弱、无能。

这时候，父母除了多陪伴孩子，还要告诉孩子，世界不是完美的，任何一个人、一个事物都有优点、缺点，要温和地讲道理，让孩子既要看到优点，又不能忽略缺点。要让孩子知道，每个人都会经历各种各样的失败和挫折，只有坚强地面对它们，才能茁壮成长。

另外，很多孩子在遇到麻烦或挫折时就会产生挫败感，对自己的能力产生怀疑。事实上，孩子受挫的真正原因往往是他们没有能正确发挥自己的能力，如做事不讲方法而事倍功半，浅尝辄止，没有继续坚持，就认为自己的能力较低，就表现得比较沮丧、悲观等。这就需要家长帮助孩子正确地认识自己了，可以通过一起努力引导孩子“再坚持一下”，帮助孩子战胜困难，享受成功的喜悦。

好父母会帮孩子释放心理压力

留守孩子的心理压力往往比其他孩子要大。这是因为父母长时间不在孩子身边，给孩子留有一定的心理阴影，害怕被其他同学笑话，担心自己会被父母抛弃。这些不安的情绪时刻折磨着留守孩子，让他们时时刻刻都生活在巨大的压力之下，如果孩子的情绪不能好好地发泄出来，那就总有一天会爆发，并且导致严重的后果。

元旦的时候，离家半年的郭小兰的爸爸妈妈终于回来了。这一天，郭小兰的妈妈请了几个好朋友来家里吃饭，几家人拖家带口热热闹闹地聚在一起，整个家里充满了欢声笑语，直到夜幕降临，朋友们才相继离去。

收拾完家里的残羹剩饭，妈妈准备哄郭小兰睡觉，发现女儿闷闷地坐在沙发的角落里，噘着嘴，似乎在生闷气。

“小兰，你这是怎么了？”

“妈妈是坏人。”郭小兰莫名其妙地哭了起来，“呜……你们，都是坏人。”

“小兰，这是怎么了？”妈妈扭头去问身后的小兰的爸爸。

爸爸摇摇头，表示不知道，还很不客气地说道：“准是闹脾气呢，别理她，小小年纪就这么大的脾气，都是惯出来的！”

“哇……爸爸也是坏人！”听到这话，郭小兰哭得更伤心了，哭着哭着，竟然在沙发上打起滚来。

爸爸整天都在忙着招待客人，早就累了，想发火，看见女儿这样闹，不管三七二十一，一巴掌打在了女儿的屁股上，吼道：“快去睡觉，不准哭！”

孩子的心理是脆弱而敏感的，他们会为喂鸽子吃食而兴奋，也会因为周围小朋友的一句贬损的话而伤心，他们的情绪变化多端，让家长有种难以应付的感觉。和生活在父母身边的孩子相比，留守孩子情绪的变化会更大，当心理受到打击无法宣泄出来时，他们会闹得更凶，让父母烦恼不已。

当孩子心理压力过大、闹情绪的时候，父母要理解孩子的心情，允许孩子适当地发泄出来。父母不在孩子身边的时候，孩子会经历各种各样的事情，这些事情对孩子心理上的影响是巨大的，父母不能否认这种影响。

当孩子心里真的不痛快时，家长可以让孩子痛痛快快地发泄一次，其前提是不能骂人伤人，也不能毁坏物品。让孩子发泄情绪的方式有很多，比如大喊大叫几声，用市面上流行的发泄球、拳击球出气都是不错的办法。

另外，父母还可以为孩子制造一些兴趣爱好，转移孩子的注意力，让孩子的情绪好转。

李女士出差回来后，发现儿子的情绪有些不对劲，总是莫名其妙地和身边的人闹别扭，好像心里有什么事情，想发泄又找不到发泄的地方。

李女士怕儿子真的遇到什么难题，就把儿子叫到了身边，问道：“儿子，你怎么了？好像脾气很不好。”

“没什么。”儿子噘着嘴，把脸撇到了一边，明显是有什么事情。

“不要对妈妈说谎。你告诉妈妈发生了什么事，妈妈帮你出出主意，好吗？”

“妈妈也帮不了我，反正您经常不在家。”儿子说。

妈妈微笑着对他说：“虽然妈妈经常出差，工作很忙，但只要你需要，妈妈就会出现在你面前，妈妈永远爱着你啊！妈妈会认真倾听你的烦恼的，告诉妈妈好不好？”

“在学校里不开心。”儿子沉默了一会儿，终于开口说道。

“是这样啊！那我们就想点儿开心的事情怎么样？”妈妈提议，“想一想学校里发生的开心事，说不定就能让你忘记那些不开心的事情啊！”

“真的吗？”儿子眨着眼睛问道。

妈妈点点头，说：“当然是真的。妈妈不开心的时候，就会想一些开心的事情，这样心情就会好多了。”

儿子听完，开心地点了点头，说道：“那我和妈妈讲一讲学校里好玩的事情，好不好？”

“当然好，妈妈会认真听你说的。”妈妈点点头，心里暗笑：终于把你的不良情绪转移走了。

从那以后，妈妈每次出差回来都会找儿子谈谈心，让儿子转移自己的注意力，不要总是想那些不开心的事情，逐渐消除他的不良情绪。

李女士在和孩子的交流中，巧妙地转移了孩子的注意力，将孩子的不良情绪消解了不少，更重要的是，她教会了孩子应对自己不良情绪的方法：多想想令人快乐的事情，把坏事忘掉。对留守孩子来说，这样的亲子交流是十分有效的。在培养孩子兴趣的同时，让孩子理解了父母的忙碌，并了解父母对自己的关爱，还能让孩子发泄心中的不良情绪，可谓是一举多得。

有些留守孩子之所以脾气大，心理压力无法发泄出来，与受父母的影响有很大的关系。如果父母的脾气不好，经常发脾气，那么孩子就会在潜意识中向父母学习，逐渐变得情绪化，经常发泄心中的不满。

人们常说："看这父子（母女）俩，真像是一个模子里刻出来的。"说的不仅是孩子和家长的外貌相像，还有脾气性格的相似，让人一眼就能看出是一家子。孩子和家长的性格类似，不仅是因为他们都在同一个环境中生活，而且还在于孩子一直处于家长的性格影响范围内。孩子自小接触的最亲近的人是什么样的性格，自然就会有样学样，把家长性格中的优点缺点都学过来。

父母是孩子的第一任老师，也是孩子最亲近的人，这点是任何学校的老师都无法代替的。想让孩子有良好的品性，家长首先要以身作则，无论做什么事情都不能急躁，更不能因急躁而发脾气。即使有时偶尔出现发脾气的情况，家长也要及时和孩子说："爸爸（妈妈）这样做是不对的，不能学爸爸（妈妈）这样哦！"让孩子从心理上认识到急躁的性格是不好的，不应该学。

没人管的孩子更爱逃学

留守孩子因为缺乏父母的管教，身边也没有家人教导他们，所以他们对学习和学校常常不甚在意，有人管就去学校待两天，没人管就整天逃课，四处惹是生非，让父母和老师都十分头疼。有时候，留守孩子还会因为一些原因对学校产生恐惧感，比如，被同学欺负、被老师训斥等。

王凤的父母都在外地工作，父母每次回来只问她的学习成绩，如果不满意，就是一番训斥，然后留下下次考试成绩的指标，就又匆匆离去。

现在，王凤已经是初三的备考生，由于平时学习压力太大，她的情绪有些不太正常，经常无缘无故地烦躁不安。不久前，爸爸回来又把她骂了一顿，让她觉得自己太笨，十分嫌弃自己。

这次模拟考试，王凤的成绩又不太理想。一回到家里，她就把自己关在了房间里，把头闷在被子里，不停地想：我的脑子到底是怎么长的呢？是不是比别人少点儿东西啊？要是没有我这个人就好了。

想到这周末爸爸妈妈正好要回来，到时候肯定又得挨一顿骂，又想到还有一大堆的作业和补习班等着自己，她的头立马疼了起来，一股自我厌恶感油然而生。

“王凤，在想什么呢？菜都掉桌子上了。”吃饭的时候，王凤的奶奶提醒她，催促她赶紧吃饭。

王凤忍不住问奶奶："奶奶，您说当初爸爸妈妈怎么会生下我来呢？"

奶奶"扑哧"一声笑了出来，开玩笑道："傻孩子，怎么想起问这个了？那肯定是因为爸爸妈妈爱你的缘故啊！"

王凤却不这样想，她一脸认真地回答道："我真想让爸爸妈妈重新生一回我，好让我变得聪明一点儿。"

"再生一回？那可就不一定是你了。"奶奶笑了起来。

"不是我……也没关系，反正我也笨得要命，上不上学都一样。"王凤小声说道。

奶奶一听，吓了一跳，赶紧问："王凤，你没事吧？是不是功课太累了？"

"没有。我吃饱了，回房间写作业去了。"王凤说完就跑回了房间。奶奶坐在饭桌前想了又想，觉得孩子最近不太对劲，赶紧给王凤的爸爸妈妈打了个电话，让他们早点儿回来见见孩子。

留守孩子因为缺乏父母的照顾和关爱，心思更细腻，也更敏感，经常会因为一些事情就胡思乱想，尤其是学习成绩无法满足父母的要求，受到责骂，就会产生厌学的想法。尤其是备考生，他们面对着巨大的升学压力，出现这种状况时就更是苦恼了。然而越是苦恼，成绩就越是下滑，更加担心不能达到父母的要求，心里更加焦急，于是想着逃避现实，最好能远离学校。事例中的王凤便是如此。

王凤作为一名初三学生，每天都是简单地重复完不成的任务，从而时常烦躁不安，加上成绩不理想，于是产生了嫌弃自己的想法。她的爸爸妈妈长期不在她身边，只看成绩单，却不管她其他方面的事情，这让她变得麻木起来，只知道机械地学习，而且越来越不快乐了。

中午吃饭的时候，刘力的妈妈突然接到儿子班主任的电话。班主任老师对刘力的妈妈说："刘力最近经常逃课，不管老师怎么教育他，他都不听，还是我行我素，下午的课他这两天都没上过，今天更严重，上午第三节课就早退了。"

"啊？"刘力的妈妈大吃一惊，这是她品学兼优的儿子能做出来的事情吗？

她小声问："老师，是不是搞错了？刘力可是优等生，一直很认真地学习呢。是不是有其他孩子也叫刘力？"

电话那头的老师叹了口气，说道："我也希望是自己弄错了，可事实就是您家孩子逃学了。而且已经有一段时间了，以前他只是偶尔缺席，老师也没怎么在意，最近情况真是越来越严重了，学习成绩也下降了不少，所以才……"

"这孩子！请老师放心，我一定会好好教训教训他的。"没等老师说完，刘力的妈妈就气得挂断了电话。

刘力的妈妈虽然这样说，但是却没有马上见到儿子，因为她和刘力的爸爸此时都在外地出差。

当晚，她给刘力的爸爸打了个电话，爸爸说自己还要一个多星期才能回去，刘力的妈妈只好叹了口气，说："我这周就回去，还是我去和他说吧！"

刘力的妈妈出差回到家，她气冲冲地把刘力叫到身边，劈头盖脸先是一顿骂，然后问他："为什么逃课？老师说你最近的学习成绩下降了不少，难道你就是这样学习的？"

刘力却撇撇嘴，回答道："是妈妈让我逃课的。"

"啊？"刘力的妈妈惊讶地张大了嘴，"我什么时候让你逃课了？"

"就是您说的。一个月前，我说不想学习，您说我要有本事就逃课去，这样就不用学习了。"刘力扬起头，理直气壮地回答道。

刘力的逃课行为其实是一种典型的心理疲倦行为，他不喜欢学习，是因为对学习的认知存在偏差，身边又没有爸爸妈妈进行指导和教育，反而因为妈妈的一句气话而真的逃课了。这是很多留守孩子会做出的行为。

因为父母经常不在身边，就算逃课，也不会及时被发现和制止，这让孩子面对学习和学校随意了很多。有的留守孩子会想：反正没人管我，去不去学校都一样。

面对这种情况，父母要调整自己的教育方法，不能一味地指责和训斥，应该先找到孩子厌学的原因，从根本上提升孩子的学习热情和学习效果。还要多和孩子谈心，让孩子了解父母为什么经常不在家，让孩子理解父母，并自觉地去学习，爱上学习。

学习毕竟不是一件轻松的事，家长在纠正孩子对学习的认知以后，还应在日常生活中锻炼孩子的毅力，增强孩子的心理承受能力，让孩子在面对学习这件艰苦的事情时，就算没有父母在身边，也不会畏惧和逃避。

第四章 认真培养留守孩子的情商

父母工作忙，无法把孩子天天带在身边，很多教育工作自然无法顺利地进行。当父母好不容易抽出时间陪伴孩子的时候，却发现自己的孩子无形中竟然变得蛮不讲理，无法控制自己的情绪，遇事不冷静，喜欢抱怨，爱发火……其实这些都是孩子缺少情商的表现。留守的孩子更需要父母的关心，更需要接受情商方面的培养。

帮助孩子了解自己的情绪

留守孩子的情绪比其他孩子更细腻、敏感，在情商教育上，更需要父母多用心。情商也称情绪智力，是心理学中与智力和智商相对应的概念，它主要是指孩子在情绪、情感、意志、耐受挫折等方面的品质。

留守孩子的情商教育包括对自己情绪的认知和表达的能力、自己获得情绪知识的能力以及进行情绪自我调节的能力。只有让孩子在父母不在身边时也能了解和掌握这些能力，留守孩子的情商教育才算是获得了成功。

在此之前，父母应该帮助留守孩子学会认识自我，了解自己的能力并学会肯定自己。

柳文翔所在的市区要举行一场多个初中参与的运动会，柳文翔有幸代表自己的中学参加这次比赛。

“儿子，你觉得你能不能获胜？”爸爸知道这一消息后，特地从外地赶回来陪他一起比赛，想看看他有没有自信在运动会上取得好成绩。

柳文翔说：“我们的教练可是最棒的，全国性比赛都参加过，这点小比赛，都不看在眼里。”

爸爸一听，眉头不由得皱了起来，便问：“你能不能赢，和你们教练得没得过奖有什么关系？”

“可是，我们有最优秀的运动员，全都获过奖，肯定输不了。”柳文翔又回答。

“他们获过奖，你也就能获奖了？”爸爸觉得儿子的回答很有问题，这算是什么答案？根本就是答非所问嘛。

“爸爸，你怎么能这么说？”柳文翔不高兴了，嘴一噘，虎着脸说道，“我们教练都说了，这次我们肯定能轻松地赢得比赛的。”

爸爸听了这样的回答，暗自嘀咕，儿子到底有没有听清楚他的问题？于是他提高了音量，再次问道：“儿子，爸爸是在问，你自己，有没有获得胜利的自信。”

“我？”柳文翔吃惊地抬起头来，很理所当然地回答道：“有队友们在，我们当然能获胜。”

又是我们！

爸爸真的很无奈，看来，儿子还是没理解他的意思。

但是此时，柳文翔却觉得爸爸很奇怪，当爸爸再一次提出问题时，情绪失控，竟然冲着爸爸大吼大叫起来。

孩子在心智发育期，对自己和别人、自己的事情和其他事情往往会混淆，看到和自己亲近的人的优点、能力，就会产生一种心理暗示作用，就想当然地以为自己也是这样的，自我认识的程度不够。再加上情绪调节的能力把握不好，所以在感受到父母的不悦后，潜意识里就会产生烦躁情绪。

孩子的自我认识是孩子进行自我教育的基础，也是其自信、乐观、坚强等良好品质的基础，更是情商教育的前提，因此，帮助留守孩子正确认识自己、评价自己，是父母不可忽视的责任。人的情商首先体现在对自己情绪的了解以及正确表达上，它有三个方面的重点：一是个人能从自己的生理状态、情感体验和思想意识中了解认识自己情绪的能力；二是个人能从他人的声音、表情、文字、行为、艺术作品等语言中正确解读出其中蕴含的个性化的情绪的能力，并能准确地辨认出该情绪的真实性；三是个人能准确地表达出自己的情绪。

正面的情绪能对孩子的思维起到促进、激发的作用，而负面的情绪则会扰乱正常的思维过程，甚至导致思维障碍。因此，父母应多关注留守孩子，帮助孩子获得情绪控制的能力，学会对自己的情绪进行有效的调节。

小磊是个聪明的男孩子，但因为父母都在外地工作，他整天不好好学习，就爱和一群贪玩的孩子腻在一起，不是上课捣乱，就是一起逃课出去玩。

这次期中考试小磊有好几门成绩不及格，老师终于忍不住给小磊的爸爸打了个电话，告诉他："小磊是个好学生，但仅仅接受学校的教育是不够的，你们也应该多关心关心孩子，一起想办法让他成才呀。"

小磊爸爸连连称是，没几天就风风火火地回到了家，一见到小磊劈头就是一顿训。小磊见爸爸到家就训斥自己，委屈地跑回了自己的房间，他觉得自己这样没有错，反倒是爸爸经常不回家他才让自己变成这样了。

小磊越想越难过，心情也变得越来越差，打架逃课的次数更多了，而且很多时候，他也不知道自己是怎么了，总觉得心里闷闷的，想找人吵架、打架，反正爸爸妈妈也不理解自己，即便好好学习又能怎么样呢？

一段时间以后，小磊的爸爸觉得小磊的情况不能再持续下去了，又觉得打骂孩子没用，就趁着休假回来，和小磊谈了一次心。

小磊爸爸说："其实，爱因斯坦小时候因为整天贪玩，功课经常不及格，于是，爱因斯坦对他的爸爸说，其他人也这样，让爸爸不要担心，但爱因斯坦的爸爸给他讲了一个故事。"

"什么故事？"小磊有些胆怯地问。

“两只小猫玩耍的时候不小心掉进了烟囱里，爬上来的时候，一只变成了黑脸，一只变成了白脸，白脸猫看见黑脸猫，以为自己也很脏，赶紧跑去洗脸；而黑脸猫看见白脸猫以为自己很干净，就这样脏兮兮地在街上玩了一天。你能明白这个故事的含义吗？”爸爸讲完故事后，问小磊。

小磊似懂非懂，便追问为什么，爸爸笑着回答道：“这个故事是在告诉你，不要拿别人当自己的镜子，自己才是自己的镜子。而你现在，就是在拿别人当镜子，别的同学贪玩没有意识到自己的问题，于是你也觉得自己贪玩没有问题了，但事实呢？你看不清真正的自己，也不知道自己为什么情绪会变得不好，整天乱发脾气，不去找解决的方法，这样做有好处吗？”

“我……”小磊低下了头，其实他也很担心自己现在的状况，只是一直以来，爸爸对他训斥的方式让他无法接受罢了，现在听了爸爸的话，他顿时醒悟，十分羞愧地对爸爸说道：“爸爸，我以后再也不逃课了，我会认真学习，也会努力认识自己，成长为一个不再乱发脾气的男子汉！”

爸爸高兴地点了点头，又给小磊讲述了很多关于情商教育方面的事情，帮助他全面地认识自己。

情商的价值是不可估量的，尤其是对孩子来说，它是伴随孩子一生的财富。留守孩子因为与父母相伴的时间较短，很多教育无法顺利进行，认识自己的能力也会比其他孩子弱一些，但这并不代表父母要对孩子不管不问，在这种情况下，父母更应注意提高孩子的自我察觉能力。让孩子知道自己高兴时为什么会感到兴奋，不高兴时为什么会做出一些失态的举动，从而有意识地引导自己控制自己的情绪。

除此以外，父母还要帮助孩子提高自己掌控心情的能力。当孩子兴奋过度时提醒孩子注意收敛，当心情变坏时能学会较快的平静下来，摆脱不良因素对孩子情绪的干扰。

父母高情商，留守孩子的情感才不会压抑

孩子13岁以前的大脑细胞比较活跃，是学习新事物的关键期，也是孩子情商形成的关键时期。在此期间，高情商的父母能从最佳角度帮孩子营造一个理想的学习、生活环境，为孩子树立好的榜样，这对孩子成长和发展起着十分重要的积极作用。而低情商的父母则不能很好地管理和调节自己的情绪，难以建立良好的人际关系和家庭关系，这样的环境就很难对孩子产生积极的影响。所以，为了让留守孩子提高情商，父母更要以身作则，帮助孩子学会克制自己的负面情绪，遇事不要以自我为中心，无理取闹、乱发脾气。

春节的时候，爸爸妈妈终于从工作中解脱出来，有时间陪伴女儿小君了。这一天，小君家里来了一大群亲戚，有小君认识的，更多的则是小君从没见过的。

“小君真是个可爱的孩子，小君今年几岁了？”有位阿姨问她，她却不回答阿姨的问题，挺直腰板，得意扬扬地说道：“我是最漂亮的女孩。”

“对，对，小君最漂亮了。”阿姨愣了一下，笑着夸奖道。

这时候，亲戚家的一个小女孩走了过去，说道：“我也很漂亮。”

“我得的压岁钱最多。”小君不甘示弱地回答道。

“我的压岁钱也多。”小女孩挺起胸脯看向她。小君嘴一撇，突然

看到了爸爸，指着爸爸喊道："我爸爸是领导，管着所有人！"

"我……我爸爸……爸爸……哇……"小女孩不知道该怎么回答了，哇的一声哭了起来。

大人们听到这边的动静，纷纷围了过来，当听到来龙去脉后，小君的爸爸板着脸对小君说："小君，你怎么能欺负妹妹呢？再说了，爸爸现在是领导，可以后总有不当领导的时候。你太自以为是了。"

"……"小君撇撇嘴，感觉有些委屈，怨恨地瞪了小女孩一眼，小女孩吓得呜呜又哭了起来。

这时候，一位当老师的阿姨走了过来，对两个女孩说："你们听没听过一个关于驴子和骡子的故事呢？"

小孩子都爱听故事，注意力瞬间被转移了过去。

"是什么故事？"

阿姨说："一头驴子和一头骡子都在同一个作坊工作。有一天，主人派它们送一批货，驴子因为生病了，浑身无力，就想请骡子帮自己驮一点货物，可是骡子却看不起驴子，连理都没理它。就这样，驴子和骡子上了路，刚运了半天的货物，驴子突然跌倒，没有力气再站起来。主人见再勉强驴子运货的话，有可能会失去一个'工人'，就把全部货物压在了骡子背上，继续赶路。这时候，骡子心里后悔啊，当初要是不那么自我，看不起驴子，现在也不用这么受苦受累了。"

"活该！"听完故事后，小君义愤填膺地说道："谁让它不帮驴子运货物的，活该受罪。"

"嗯，骡子太活该了。"阿姨也用力点头，然后认真地看看她们两个，说道："可是，你们刚刚的行为，不是很像骡子吗？你们都觉得对方不如自己，想让对方低头认输，这种行为不是很自私吗？"

“我……”小君和小女孩都低下了头，说不出话来。

上例小君的表现正像事例中的骡子一样，以自我为中心，只顾盯着自己的利益，看不起别人也不愿意帮助别人。总认为自己是对的，而别人都是错误的，当自己的要求得不到满足时，就会认为“世界真不公平”，导致自己经常产生焦躁、不安和愤恨的情绪。而小君的爸爸表现也不好，是一个“低情商”的父亲，没有用合理的方法来管教孩子，只知道指责孩子，导致孩子的情绪更加失控，使孩子无法克制心中的压抑情感。

很多时候，当留守孩子出现自我中心的情况时，父母一味地压制、严厉批评往往不能解决根本问题，相反，还会激起其反抗心理。因为父母平时在留守孩子身边的时间较少，当孩子情绪反常时就以批评教育居多，会让孩子觉得心里委屈，变得情绪化。这时，父母应尽量多抽出时间陪在孩子身边，在公正处理当下发生在孩子身上的事情后，多对孩子进行说服教育，通过故事、实例，以及父母自己的心得体会等方法告诉孩子不要以自我为中心，要做真正受大家欢迎的人。只有孩子出现严重错误时，父母才应及时给予相应的惩罚，并告诉孩子“惩罚你并不是爸爸妈妈不爱你，而是你做错了事情，就应该受到相应的惩罚，只要你及时改正错误，爸爸妈妈仍一样喜欢你、爱你”。

另外，父母还要多教留守孩子掌握控制自己负面情绪的方法，帮助孩子在父母不在身边的时候学会控制自己的情感，逐渐培养孩子的高情商。不管是留守孩子还是父母守在身边的孩子，他们大多都有自己喜欢的英雄人物，也较喜欢模仿英雄的行为和做法，父母可以把这一点作为对孩子进行行为纠正和情商教育的最佳切入点。父母可以利用在家的时间，用英雄人物或伟人名人的真实故事教育孩子，既能让孩子听得进去，不产生反感心理，还能激励孩子有意识地模仿偶像的行为，而名人名言大都通俗易懂、言简意赅，利于孩子去理解。一旦孩子记住了名人的做法或话语，并将之引申为自己的座右铭后，孩子就会有意识地自我约束和自我提升。

面对情绪化、低情商的孩子，父母应化整为零，在日常生活中总以“润物细无声”的方式提醒孩子正确认识自己，一个较好的方法就是父母有意多照照镜子，说“哎呀，我才发现自己也有白头发了”“原来我的身材也不标准嘛”，让孩子也来照照镜子评价一下自己。

除了约束留守孩子，父母还应多注重自身修养，为孩子做个好榜样，要学会用心了解孩子的想法，知道怎样引发孩子的兴趣、怎样鼓励或迁就孩子，也知道该在何时让孩子接受挑战、何时满足孩子的某种要求……

总之，父母的一举一动都在日常生活中潜移默化地影响着孩子，哪怕是留守孩子，也会在不经意间受到父母的影响。所以，要想培养高情商的孩子，父母首先应注意提升自己，成为高情商的人。

把调整心态的秘诀教给留守孩子

在生活中，不少父母因为不能经常陪伴在孩子身边，所以更希望自己的孩子能早点学会独立生活，学得坚强。因此，只要孩子遇到挫折或受到打击而哭泣时，就会批评孩子，担心孩子如果总是哭哭啼啼，长大后就会变得柔弱、不敢面对困难，无法在社会上立足。父母的这种担心在留守孩子身上表现得更为突出。这种情况下，父母在考虑如何让孩子少哭，甚至是不哭的时候，要首先想一想，如何多陪伴孩子，适时地调整留守孩子的生活态度。这将有助于抚慰孩子的心灵，让孩子感受到父母的关爱，从而在关爱中提高孩子的情商。

王洪是一名小学三年级的男生，他活泼开朗，聪明好学，因为父母长年在外出差，常在爷爷奶奶身边的王洪越来越坚强好胜，他一心想当一名优秀的班干部，为同学、为班集体做些贡献。可没想到的是，老师竟然选了一名学习成绩比他差的学生当了班干部，王洪觉得很委屈，越想越难过，回家的路上眼泪就在眼眶里打起了转。

“王洪，你这是怎么了？”刚回到家，王洪发现已经一个星期没见面的妈妈竟然回来了。妈妈看他眼圈红红的就问：“是不是在学校被人欺负了？”

“不是，是老师……老师不让我……呜……”谁知道王洪话没说完，就呜呜地哭了起来。

妈妈眉头一皱，板着脸说道：“一个男孩子，成天哭哭啼啼的像什么样子，不准哭，再哭妈妈打你屁股了！”

王洪见好久不见的妈妈不仅没有替自己打抱不平，还说要打自己屁股，心里更委屈了，嘴一咧，哭得更凶了。

妈妈见状，走过去就朝他的屁股轻轻拍了一下，王洪哭着跑回了自己的房间，不管妈妈在门外怎么敲门、喊他，他都装作听不见，蒙着被子呜呜地哭个不停，直到哭累了，抽泣着进入了梦乡。

妈妈在外面又急又气又后悔，恨自己没先问清楚儿子到底发生了什么事情，本来她出差提前结束，想多陪儿子两天的，现在看来，还不如不回来。可就算自己有错，一个男孩子一开口就哭哭啼啼的也不对啊，真是越想越郁闷。当儿子睡着后，她轻手轻脚打开了儿子的房门，看着儿子哭肿的眼睛，无声地叹了口气。

很多时候，爱哭的孩子总是不能让父母放心，害怕自己不在孩子身边，他会变得更加爱哭、爱闹，会严重影响孩子的生活态度，甚至影响孩子以后的成长和情商的提高。虽然父母的担忧不无道理，但是，很多父母却忘记了一件事：对孩子进行情感教育时，要根据孩子的年龄区分具体情况，不能搞“一刀切”的强制式教育。

当留守孩子年龄还小的时候，因为父母长期不在身边，会让孩子的心态产生一定的偏移，变得爱哭，多愁善感，在遇到挫折时不知道如何解决，只知道用哭泣来表达心中的感受，这是很正常的。父母不应在这个时候求全责备，而应该让孩子先哭出来，然后再解决问题。对成人来说，偶尔的流泪哭泣还是一种释放压力的方式，对孩子，尤其是留守孩子来说，在他们的成长过程中，哭泣更是有着丰富的含义，既是宣泄不良情绪的一种常用方式，也是向父母求助的信号，更是对自己能力不及的一种反映，一种自我疗伤的手段。

父母应学会帮助留守孩子调整心态，多进行情商教育，培养孩子的情商。比如，和孩子一起讨论平时遇到的问题，为什么自己不能解决，自己应该想什么办法去解决等，让孩子逐渐把注意力转移到解决问题上，渐渐地，留守孩子在遇到类似的困难，自己就有了底气，心态也会随之逐步发生改变，哭泣的次数也会逐渐减少的。

周末的上午，忙碌工作了一周的爸爸妈妈终于有时间在家里陪着女儿佳佳了。

此时，佳佳却在书桌前发着愣，看着桌子上的作业题，明明是可以尽快做完这些题目的，但佳佳怎么也静不下心来，心里有股莫名的急躁之火在四处翻腾。

“读题、读题！这是一道应用题，该怎么解呢？哎呀真烦，干脆不做了。”佳佳真想甩手不干了，可她也只能嘴上说说罢了，过了没一会儿，她又埋头读起题来。不过她也只是反反复复读这一道题，根本静不下心来认真地思考。

佳佳想发火，却又找不到发火的理由，看着眼前的题，明明是老师刚讲过的，公式、计算方法还历历在目，可她就是答不出来，心情不由得更加烦躁。

咯吱咯吱……咯吱咯吱……她找不到发泄的地方，只好咬起了铅笔头，那股卖力劲真像是在咬自己的大仇人。

“佳佳，你在做什么？快吃午饭了，你作业还没做好吗？”咬得正起劲的时候，妈妈敲门走了进来，佳佳赶紧说：“快做完了，我马上就去洗手吃饭。”

“这铅笔怎么咬成这样了，对身体不好的。”妈妈关心地问。

“也没什么……”佳佳歪歪头，回答道。

“学习遇到什么困难了吗？你要真遇到问题心情烦闷的时候，不妨试着深呼吸几次，调整一下自己的心态，不要一直闷头在这里想，会钻牛角尖的。”妈妈说道。

“嘿嘿……”佳佳被妈妈说得有点不好意思，但心情却舒畅了很多，她手抚着桌子，低着头小声说道：“其实也不是什么大问题，就是最近总觉得心情不好，做什么事都静不下心来，一遇到困难就想哭……”

“妈妈也经常有这种时候，这是正常现象，不过咬铅笔可就不正常了，以后再有这种心情低落的情况，可以找妈妈来谈谈心，妈妈教你怎么调整自己的情绪，用积极的心态去打败困难，怎么样？”

“可妈妈总是不在家，万一我心情不好的时候找不到你怎么办？”佳佳苦恼地问。

“真对不起，宝贝，爸爸妈妈工作太忙，忽略了很多你的事情，不过，只要你有问题，妈妈肯定会第一时间和你共同讨论的，无论是什么时候，爸爸妈妈最爱的还是你。”妈妈抱着佳佳说道。

佳佳听后，心情终于平静了下来，点点头跟着妈妈去吃饭了。

压抑心理源于个体自身气质性格，也受到外部环境的影响。留守孩子比其他孩子对外界的环境更加敏感，情绪也更加多样化，很容易因为一些挫折而受到打击，变得爱哭、情绪低落。所以，父母在陪伴孩子的时候，一定要为孩子创造轻松愉快的生活环境，使孩子随时能够自由、放松地表达自己的喜怒哀乐，摆正自己的生活态度。

告诉孩子遇到困难要冷静处理

在一些留守孩子的眼中，他们把要做的事情都想当然地简化到了“极致”，只要快速做就能提前完成，只要想要的东西，就要尽快得到。而一旦得不到，或者在做事的过程中遇到了挫折，就会手忙脚乱，不知道该如何处理才好。这些情况出现的次数多了，就会让留守孩子变得性子急，遇事慌张，容易激动。

王女士的儿子学习成绩好，但因为王女士和丈夫经常在外地工作，很少有时间对儿子进行情商教育，导致儿子的脾气不太好，小小年纪总是爱闹情绪，稍不如意就开始无理取闹。

这天是周末，王女士难得正常休假，回家陪儿子。但王女士正在厨房做饭时，就见儿子跺着脚跑了进来，开口就是："妈妈快帮我念课文。"

"妈妈正在忙，快出去，一会儿烫到你了。"王女士担心地说道。

但儿子却不管，用力把手里的书往她怀里塞，强硬地说道："妈妈快念，我还要听呢。"

"为什么不自己念呢？妈妈正忙着呢。"

"我不会念，而且其他同学都是爸爸妈妈带着念的，我就要妈妈念。"儿子继续把书往她怀里塞，用的力气比之前更大了一些，差点把王女士推倒。

正巧这个时候锅里的菜有些煳味了，王女士连推带赶的把儿子带出了厨房，匆匆跑去关火，与此同时，儿子的哭闹声也从客厅传了进来，王女士顿时烦透了，饭也不想做了。

王女士就给在外地的丈夫打电话，抱怨了一通，孩子的爸爸也很头疼，说："孩子不懂约束和管理自己的情绪，我们做父母的就应该给予指导啊，你想想有没有好的教育方法，过两天我也回去，咱们一起研究一下孩子的情商教育问题。"

"唉，也只好这样做了。"妈妈无奈地叹了口气，儿子因为不会念课文就在父母面前胡搅蛮缠，那以后只要他遇到困难，都要这样缠着父母解决吗？

一般来说，留守孩子任性、乱发脾气，遇事不冷静，都和父母缺乏对孩子的情商教育有关。而且，在孩子正闹得起劲的时候，父母不宜给孩子讲道理，这时不管父母给孩子说什么，孩子都是听不进去的，我们可以转身走开，让孩子自己哭闹一会儿，等孩子冷静下来后，父母再来和孩子商讨如何解决问题。

在孩子为眼前的困难而惊慌失措、哭闹不停的时候，父母要让孩子明白：做任何事情都有一个过程，不能操之过急。父母要利用自己在孩子身边的每一个机会，陪着孩子一起学会冷静地看待周围的事物，让孩子逐渐明白“无论做什么事情，要想圆满完成都需要一个过程”，随着给孩子讲述、分析事例的次数增加，孩子会慢慢认识到“凡事不可急于求成”的道理，也就不会再一遇事就急躁、蛮不讲理了。

在培养孩子的冷静态度时，“慢处理”是个不错的方法，父母可以利用孩子的兴趣爱好，利用陪伴孩子的时间，训练孩子的“慢性子”。

这一个黄金周，萌萌的爸爸妈妈的耳朵都要被萌萌催聋了，本来是答应了她要一起出去玩，可还不等他们吃好早饭，就已经被萌萌催了四五次。萌萌的父母觉得女儿这样的习惯对她的成长很不利，于是一回家就开始商量如何改变女儿的急性子，让她遇事冷静下来，培养她的情商。

“我听说，可以安排一些耐性训练，强制她把性子改过来。”妈妈记得以前看到过相关方面的经验介绍。

萌萌的爸爸发愁道：“那你觉得，什么样的训练对咱们女儿有效呢？跑步？打桩？女儿的体力不行吧。”

“嘿嘿……”萌萌的妈妈眼珠一转，想了个“馊”主意，“萌萌不是最喜欢看动画片吗？”

“嗯，每天雷打不动，非得看上一个小时才行。”萌萌爸爸点点头。

“那咱们就要求她每看完一集动画片，就要先回忆一遍这集的剧情，然后给我们讲述剧情，然后再看下一集，你觉得怎么样？”

“我看……行！”萌萌的爸爸觉得这个方法真的很有意思，没准能有效果，便点头答应了下来。

在对孩子进行教育时，父母还可以以孩子的爱好、兴趣为基点，开发出独具特色的“慢性子”训练。事例中萌萌爸妈的方法就值得借鉴，他们将孩子的兴趣和记忆力、表达力训练结合起来，还能有效缓解萌萌长期看电视对眼睛的伤害，可谓是一举多得的好办法。

父母可以给留守孩子安排一些事情，让孩子亲自动手去做，亲身体会自己动手做事情的感受，既能加深孩子对父母教授的做事方法的理解，也能让孩子在做事过程中，发现“原来我以前认为的慢，其实并不慢呢”。当孩子在遇到难题时，父母应及时给予指点，让孩子体会这种化解难题后成功的快乐，并明白“过程也是一种享受”，淡化孩子急躁的性格，提升情商水平。

除了“慢处理”，面对留守孩子，父母也要适当地利用一下“冷处理”。父母终于抽出时间来陪伴孩子，并不是来陪孩子无理取闹的，要让孩子明白，如果学不会冷静处事，就会让父母对他失望，甚至是不再关心他。

不过，冷处理的方法不适用于长期不和孩子在一起的父母，也不宜在公共场所使用。如果孩子在公共场所犯错，父母一般不宜当众处罚孩子。那样既不符合礼仪规范，也会损害孩子的自尊，这个时候，父母应多关心孩子，了解孩子的内心，逐渐教导孩子学会冷静地处理问题，让孩子了解父母对他的爱和关心。

孩子心情不好，如何发泄才合适

留守孩子的心理是敏感和脆弱的，父母不在身边的压力以及外界的各种烦恼都会使处于天真烂漫年龄段的孩子感到无所适从，如果父母不允许孩子发泄心中的不良情绪，孩子就会把学习、生活或是人际交往中遇到的所有不愉快闷在心里。长此以往，难免会给孩子造成心理障碍。这对孩子的身心成长十分不利。因此，父母非常有必要引导孩子学会适当地发泄心中的不良情绪。

刘先生和妻子都在外地工作，虽然儿子也跟着他们一起在外地上学，但因为工作繁忙，亲子间的交流十分少，刘先生一直想拉近和儿子间的关系，于是，他就趁着暑假带着儿子回老家看望家中的老父母。此时正是农忙的时候，父子俩回去刚好帮家里做些地里的活儿。

儿子从小是在城市里长大的，没吃过什么苦，刘先生想着，正好趁这个机会锻炼锻炼他，也多和儿子说说话，拉近彼此的关系。

“儿子，帮爸爸一块把这块地里的麦子割了，然后扎起来。”刘先生擦了把脸上的汗，扔给儿子一把镰刀。

儿子一开始还觉得挺新鲜，挥着镰刀在大太阳底下卖力地干着活儿，可干着干着，他就觉得没意思了，不仅燥热难忍，还被麦秸秆划了很多细小的小伤口，被汗水一浸，蜇的生疼。

“爸爸，我们什么时候回去？”儿子受不了炎热和辛苦，一屁股坐在了田地里，抬头看了眼炙烤着大地的太阳，心情烦躁地说道：“这天儿怎么这么热，爸爸，我们今天就回城里吧，让妈妈多做点好吃的。”

“今天才回来，怎么能回去呢？再待两天帮你爷爷奶奶干点农活再回。”刘先生挥舞着镰刀卖力地干着活儿，见儿子停了下来，就催促道：“别发呆，早点做完早点休息，要是今天做不完这些活儿，咱们得干到天黑呢。”

“啊，这些全都弄完啊。”儿子一听，腿都吓软了，坐在地上不肯起来，“我不干了，我要回家，回家找我妈去。”

“别任性，快点起来干活，要不然爸爸生气了。”

“不干，就不起来，这破活儿，谁爱干谁干！”儿子真是累坏了，上午回到乡下就被爸爸拉到了地里，这都马不停蹄地忙了三四个小时了，中间就停下来喝过几次水，他的手都快磨出泡了，再这么干不去，他肯定坚持不了。

儿子越想越胆怯，心里有些委屈，自己放个假，怎么来这种地方受罪来了，想着想着，眼睛开始发酸，有想哭的冲动。

刘先生此时也有些累，被太阳烤得也正烦躁，见儿子任性撒泼，气不打一处来，上前就踢了儿子屁股一脚，说道：“别废话，快点好好干活。”

儿子屁股上挨了一脚，虽然不疼，但心里的疲惫感和委屈顿时全涌了出来，他嘴一咧，哭了起来，“就不，就不干！”

刘先生气得真想狠狠揍他一顿，本来是想拉近亲子间的关系的，怎么这孩子这么娇气，干点活儿就累哭了呢。

孩子因为年龄和生活阅历等的限制，心理承受能力较差，很容易在心里累积一些不良情绪，如果得不到很好地发泄，就会使孩子的心情抑郁，这既不利于孩子的成长，也不利于孩子的情商教育。这时候，父母可以使用的最直接的方法就是让孩子把情绪发泄出来，这对孩子的身心成长都有好处。尽管有时孩子的发泄方式看起来有些过激，但无论孩子的表现如何，父母都应该给予孩子充分的理解和关爱。

刘飞是个男孩，虽然父母工作很忙，使他经常处于留守状态，但他家的家教很严，虽然父母管教他的时间少，但也不允许他随意哭闹，一心想要把他培养成一个坚强能干的成功人士。

刘飞在外人眼里，从小就是个听话、能干的好孩子，只不过性子有点闷，不善于和人沟通交流。但他的父母觉得这会影响到刘飞的成长，一点也不符合他们心中对孩子的期望，便带刘飞去了心理咨询处，希望专业人士能帮助刘飞，帮他进行一些有用的情商教育。心理医师经过一番询问，最后确定，其实是刘飞父母的教育方法出了问题。

“虽然刘飞是男孩子，但当他心情不好的时候，做父母的应该鼓励孩子把心里的不良情绪发泄出来，而不是一味地让他坚强。”心理医师这样对刘飞的父母说道。

“发泄不良情绪？怎么发泄，一个男孩子，难道让他哭出来吗？男孩子怎么能哭呢？那样太娇气了。”刘飞的爸爸说道。

心理医师摇摇头，笑着说道：“男孩子怎么不能哭？和大人一样，孩子也会有情绪，遇到问题的时候也会想找个发泄口发泄一下。哭是孩子最直率的发泄方法，做父母的不能剥夺孩子的这种权利啊。”

“可是……”刘飞的妈妈还是觉得男孩子整天哭哭啼啼的不合适，心理医师像是看出了她的疑虑，微笑着说道：“不是让他成天哭，男孩子还是应该有志气一点嘛，这一点，其实孩子自己也知道的，所有很多男孩子在哭的时候，其实是背着人的，所以父母偶尔发现孩子忍不住在你们面前哭了，不要一味地训斥，应该打开孩子的心结，鼓励他用哭的方式发泄不良情绪。”

“原来是这样。”刘飞的父母这才明白。人都有脆弱的时候，在这种时刻，哭确实是一剂良药。

虽说“男儿有泪不轻弹”，但是当孩子的心中累积了一定的不良情绪后，哭也是一剂很好的发泄情绪的良药。在这一点上，不管是男孩还是女孩，都是一样的。尤其是留守孩子，因为长时间缺少来自父母的指导和安慰，很容易在心中累积大量的不满和负面情绪，父母一旦察觉到孩子的这类问题，就一定要想办法让孩子把这些情绪都发泄出来，教导孩子学会放下心理负担，让孩子明白负面情绪虽然是需要控制的，但真的承受不住时，也是可以哭出来，或者是找到适合自己又不伤害他人的发泄方法，及时地发泄出来。

用“不抱怨”的态度熄灭留守孩子的怒火

很多留守孩子在生活中经常表现得十分易怒，只要一有什么事情不如他们的意，他们就会发火。其实，留守孩子的这些怒火，正是他们内心惊恐不安和悲伤的表现。这是因为留守孩子缺少父母的关心，一件很小的事都会使他们感到自己受到了严重威胁，而且他除了奋起反抗外别无选择。

小梨周末终于有了和妈妈一起出去玩的机会。在公园里，她高兴地牵着妈妈的手，把这一周发生的趣事讲给妈妈听，并希望下周她也能减少工作的时间，多陪自己来公园玩。

妈妈愉快地答应了。

玩了一会儿，小梨遇到了同班同学贝贝，他正牵着一条小狗在遛弯呢。

小梨很喜欢小动物，见小狗可爱，便想过去和小狗一起玩会儿，但贝贝却制止了他，对他说：“我家狗认生，你如果和它不熟悉的话，我怕它会咬你。”

“我就摸一下，趁它还没发现，我就把手缩回来，行吗？”小梨满心期待地问，可贝贝还是摇头，这下，小梨不高兴了，抬起脚就想去踢小狗，小狗机灵地躲闪开后，冲着小梨就扑咬了过来，小梨和贝贝都吓坏了，一个赶紧往后退，一个赶紧拉住狗链，这才没有发生意外。

“我就说它会咬你的吧。”贝贝紧紧地拉着狗链说道。

小梨先是吓得说不话来，缓过神来之后，他觉得自己真窝囊，竟然被一只狗咬，气不过，就把气撒向了贝贝。

“连只狗你都教不好，带出来乱咬人啊。”

“是你要踢它，才会……”

“一点教养也没有，真是什么人养什么狗。”小梨气呼呼地说道。

事例中的小梨本来想逗狗，却被狗吓坏了，还恼羞成怒把气撒到同学的身上。不管是留守孩子还是普通孩子，在感觉受到了委屈后，都会表现出一定的愤怒之情，但留守孩子表现得更为直接和明显。这种时候，父母最好的反应就是听他说些什么，看他讲的是不是有道理。如果愤怒的人得到倾听并得知有切实的补救方法，事情就会得以迅速了结，孩子的情绪也随之归于平静。如果孩子是无故发脾气，那么父母就要想办法，多抽出一点时间陪伴孩子，教导孩子一些熄灭怒火的方法，不要放任孩子抱怨和乱发脾气。

妈妈上了一周的班，终于在周末回到家，见到了十分想念的女儿，一周未见，妈妈以为女儿会很高兴，但她却在小区门口看见自己的女儿甜甜正站在那里，孤零零地一个人不知道在做什么。

“甜甜，你在这里做什么？”妈妈走过去问。

甜甜似乎是在想事情，妈妈和她说话的时候，竟然半天没反应过来，当妈妈再次提高了声音问她的时候，她才“啊”的一声回过神来。

“怎么在发呆啊，想什么呢？”

“妈妈？妈妈，你终于回来了，我好想你。”好久都不撒娇的刘甜甜突然钻进了妈妈怀里，呜咽着说道：“冲冲是不是不理我了，不和我玩了？”

“咦？冲冲？你的同学吗？你们怎么了？吵架了吗？”

“我们闹矛盾了。”甜甜噘着嘴说道：“有个女孩想和我们一起玩，可我不喜欢她，她经常在背后说别人坏话，连冲冲的坏话都说过，我讨厌她，不想和她玩，可冲冲却很喜欢她，然后我们就闹矛盾了。”

“哦，原来是这样啊。”妈妈下意识地仰起下头，正好视线往左移了点，看到冲冲正在不远处和一个女孩子在玩。不过可以看出来，冲冲玩得也是心不在焉的，时不时地会朝甜甜这里看。

妈妈心里好想笑，这两个女孩子真有趣，明明想一块玩，却因为添了个伙伴而闹矛盾。

“其实，你可以告诉冲冲那个女孩子做过的坏事啊。”妈妈提议，虽然她并不认为这是个好办法。

“不行啊。那样我不就变得和那个女孩一样，在背后说人家坏话了。”幸好女儿没认可这个方法。

妈妈继续提议道：“那要不然，你就去和她们一起玩，慢慢让冲冲知道女孩的本性。你和冲冲总闹矛盾的话，万一冲冲被欺负了怎么办？”

“冲冲真的会被欺负吗？”女儿不无担心地说道：“可是，我们刚刚闹别扭，现在再找她玩的话……”

“有矛盾是很正常的事情，关键在于，矛盾产生后，你会怎么解决掉它。积极地踏出第一步，是很勇敢的行为哦。”妈妈鼓励道。

甜甜听了，深吸一口气，对妈妈说：“我知道了，我现在就去找冲冲谈谈。谢谢妈妈。”说完，就向着两个女孩跑了过去。

孩子之间闹别扭是常有的事，孩子之间的矛盾，来得快，去得也快，尤其是留守孩子，因为平时缺少父母的陪伴，对同伴间的友谊看得更重，也很容易因为一些事情发生矛盾，从而互相抱怨，忍不住迁怒于对方。

父母在发现孩子和其他人有冲突，总是抱怨的时候，一定要先了解事情的前因后果，并要知道，对孩子来说，这些打闹能促使他们慢慢了解自己与他人的关系，知道蛮横、不讲理、任性霸道在与人交往中是行不通的，并从中学会与人相处，妥善处理问题的方式。不要孩子一抱怨，就逼孩子去给别人道歉或者一味批评训斥孩子。

父母要给予孩子愤怒的权利。愤怒是孩子自我肯定的表示，说明孩子有勇气表达自己的想法和需要。而一个不敢怒或者敢怒而不敢言的人，很有可能形成抑郁情绪，或者情绪积累超过极限而突然爆发。所以，父母要把孩子愤怒的权利与愤怒的行为方式区分开来。要掌握孩子的情绪变化规律，然后采取相应的措施，让孩子学会根据实际情况调节自己的情绪，并配合父母的情商教育，学会做一个不抱怨的人。

第五章 精心培育留守孩子的好性格

留守儿童是一个特殊的群体，虽然父母不在身边，但是父母的言行举止仍对孩子有着不可替代的影响。要想孩子能够身心健康地成长，父母就要在平时与孩子联系的时候就对孩子进行良好性格的培养，本章从内向、外向、果断、坚韧、勇敢等方面介绍了培养孩子性格的方法。

不要让孩子因留守而内向

刘慧是一个农村的孩子，今年上小学三年级。刘慧的父母眼看自己的老父母年纪大了，孩子上学也需要钱，为了能多挣点钱改变日渐拮据的生活状况，他们决定两人一起外出打工，让刘慧在上一年级的时候就一直跟着爷爷奶奶生活。

说实话，刘慧的脑子还是比较聪明的，因为有一次爷爷教了她一首唐诗，刘慧听了一遍就记住了，但是不知道为什么刘慧的学习成绩并不是很好。爸爸妈妈当然也知道孩子的成绩很一般，但是由于刘慧每次都能及格，没有留级的危险，所以他们也就没在意，只是每次打电话的时候多督促她不要贪玩。

“好，今天的内容就讲到这里，有不明白的可以在下课的时候问我。”数学老师说完之后就下课了。今天学习的这节内容比较难，大部分同学都有没听懂的地方，所以很多同学都纷纷拉住老师问自己的问题。当然刘慧也有自己不明白的地方，但是要性格内向的她去跟老师说话，这简直比让她登天都困难。这就是刘慧虽然聪明但是成绩一般的重要原因，不会的地方宁可不会，也不去问同学或老师，因为她实在不知道该如何开口去问。

其实刘慧以前并不是这样的，这还得从刘慧的爸爸妈妈一起出门打工后说起，有一次刘慧跟同学们一起玩，说起自己的父母时，其他同学都很骄傲地说自己的爸爸妈妈最近带他们去哪里玩、买了什么东西，除了刘慧和另外的几位留守的同学。同学们同情安慰的话语听在刘慧的耳朵里都成了讽刺的声音，为了不让同样的事情发生，刘慧便处处躲着以前很要好的同学，自己一个人上学，一个人去买东西，渐渐地刘慧变成了名副其实的“独行侠”。

当爸爸妈妈打电话向老师了解刘慧的情况时，老师也把刘慧内向的事情反映过了。但是刘慧的爸爸妈妈觉得一个女孩子文静点，不爱说话也是正常的，所以就没在意，当然他们也不知道刘慧心灵上曾受到的伤害，更不知道刘慧脑瓜聪明却不能取得好成绩的原因。

孩子的心灵是敏感的，也是容易受伤的，有时候一句话对孩子心灵上的伤害都是难以弥补的，就像事例中的刘慧，同学间一次无意的聊天就让她变得自卑，不敢跟同学在一起了。又由于父母在远方无法及时、正确地了解孩子的情况，只凭自己的猜测，认为是孩子的文静，让孩子内心的阴影一直得不到化解。

留守儿童的问题早已经不是一个新鲜的话题，但是这并不代表他们的问题已经得到了相应的重视，更不能代表他们的问题被提出来后就得到了完美的解决。像刘慧这样的孩子其实还有很多，希望不经常在孩子身边的父母能多花些心思去了解自己的孩子，尽早发现孩子的问题所在，让孩子尽量少地受到内向的负面影响。

内向的孩子一般不善于与人交往，这对孩子的人际关系是很不利的，在学校的时候不能与同学和老师很好地相处的话，就会影响孩子在学校的生活和学习。能力是一个积累的过程，如果孩子在早期不能有一个良好的交际环境，等步入社会后难免会因为不知道如何与别人相处而处处碰壁。父母是孩子最好的老师，所以父母即使不在孩子身边，也要想办法引导孩子，让孩子从内向的自我世界走出来。下面就是几个比较行之有效的办法，可以帮助父母引导孩子，慢慢改变孩子内向的问题。

首先，父母可以教孩子先和身边的同学多交往。俗话说“朋友三千不如知己一个”。尤其是对于性格内向的孩子，开始的时候让孩子和一群不同性格特点的人交往是一件很困难的事情，父母不妨在与孩子沟通的时候，教孩子先和一个比较能与自己合得来的同学交往。然后再慢慢拓展孩子的交际圈，有一个好朋友带着孩子去交往，孩子就不会因为自己的孤独而感到无所适从。

孙小玲上小学五年级了，爸爸妈妈都忙于工作，整天不在家，而小玲就读的那所学校刚好离小玲的姑妈家很近，于是爸爸妈妈便让小玲平时寄住在姑妈家，周末和放假的时候再把小玲接回来。

中国有句古话：“金窝银窝不如自己家的草窝。”小玲现在就是这样的感受，虽然姑妈待她不错，但是总是没有在自己家自在，而且有心事的时候小玲也不好意思跟姑妈说，再说姑妈的家庭条件一直比她家好，这让小玲没来由地有一种抹不去的自卑感，于是在姑妈家小玲一直不敢多说话，生怕说错了什么让姑妈笑话。

长时间不让自己多说话让小玲渐渐养成了少言寡语的性格，不仅是在姑妈家，在学校小玲也不怎么说话了，但是小玲和同桌王佳佳的关系一直很好，有什么心事小玲更喜欢和佳佳说。

每隔一天给小玲打一次电话是爸爸妈妈很久以来的习惯，细心的妈妈在跟小玲打电话的时候明显感觉到女儿的改变，心里很是着急，但是慢慢地妈妈发现小玲经常跟自己提起她的同桌佳佳，这让妈妈看到了希望，她教小玲要经常帮助同桌，有了矛盾要懂得宽容，建议她常跟同桌参加一些集体活动。在妈妈的教育下，小玲与佳佳成了无话不说的知己，在参加活动的时候小玲又不断认识了很多新朋友，慢慢地她在人群中不知所措的感觉消失了，开朗的小玲又回来了。

小玲因为自己家与姑妈家的家庭条件相差较大，心里难免会产生一些自卑感，因为担心说错话会被姑妈瞧不起，从而变得沉默。幸好妈妈细心及时发现小玲的转变，又想出让同桌带领小玲去结交更多的朋友这个办法，帮助小玲重回开朗的日子。这个办法简单易行，是改变孩子内向性格一个较好的办法。

其次，父母可以引导孩子在熟悉的领域进行社交。孩子在自己熟悉的领域比较有自信，和朋友谈话的时候也有话题可聊，不会让孩子有不知道说什么的紧张感。父母在跟孩子沟通的时候应多鼓励孩子，让孩子与人交往的时候对自己更有信心，比如，在孩子过生日的时候给孩子寄个特别的礼物，父母即使不在孩子身边，也让孩子能感受到父母的关怀，这样或许对改变孩子的内向有所帮助。

留守孩子太外向未必就是好事

很多父母都希望自己的孩子开朗活泼，每天开开心心的。这样的话，当孩子长大后步入社会，也会有一个比较好的人际关系，一旦遇到困难，能从朋友那得到些帮助，不至于“孤军奋战”。父母有这样的想法很正常，尤其是留守儿童的父母，很担心自己不在孩子身边，孩子很可能会产生一些心理障碍，导致孩子性格比较内向，所以都希望自己的孩子能活泼一点。

但是如果孩子外向就没有问题了吗？孩子整天说笑是真的很开心呢，还是借着笑脸来掩饰自己的内心呢？孩子过分外向的问题有时候比内向更难解决，因为这样的孩子懂得掩饰，让父母不易察觉问题的所在，而在孩子开心的外表下可能隐藏着很多的不高兴的事。

张小强上四年级了，由于爸爸妈妈经常在外做生意，没时间照顾他，于是便把小强送到当地一所寄宿学校，虽然妈妈很舍不得，但是想到孩子早晚有一天要离开自己独立生活，让小强住寄宿学校，提前培养小强的独立能力也好。

开始的时候，爸爸妈妈担心把小强送到寄宿学校他可能会有些不适应，但是通过一星期的观察爸爸妈妈悬着的一颗心就慢慢地放下了，因为小强几乎没有任何改变，还像以前那样喜欢跟同学打打闹闹，没事开点小玩笑。见到小强适应力不错，爸爸妈妈在嘱咐小强一番后，又开始外出做生意去了。

这一切完全出乎小强的意料，他之所以装成没事的样子其实是想气气爸爸妈妈的，他们居然狠心把他扔到学校不管，他们以为自己没了他们就不能活了吗？而小强以为妈妈见他不在乎他们，会伤心地多来看看他，没想到这竟让他们提前外出做生意了，这让小强更加生气，看起来也更加“活泼”了。凡是学校组织的活动，小强都会尽量参加，反正周末又不用回家。

当爸爸妈妈来电话的时候，小强也是一种无所谓的态度，跟爸爸妈妈天南地北地胡扯，好像过得很好的样子，也只有他自己知道周末同学都回家自己独守宿舍时的寂寞，但是这些他从来没跟任何人说过，包括爸爸妈妈，因为小强知道告诉他们也没用，他们又不能回来陪自己。

但是妈妈每次跟小强打完电话总觉得小强有些变了，但是又找不出孩子是哪里变了，因为小强还是和以前一样跟他们嘻嘻哈哈地讲电话。但是这一天妈妈突然想起来了，小强多了一些漫不经心的叹气，但是他自己好像也没察觉，说不了几句话就会有一声叹气，听上去有点装深沉，但是妈妈觉得小强是“以假乱真”，小强很可能并不像外表看上去那样轻松快乐。

为了让小强能像以前一样真正的开心，爸爸妈妈毅然决定放弃远方的生意，回老家重起炉灶做起别的生意，这样小强就不用整天住在寄宿学校了，可以像其他孩子一样每天都能回家看到父母亲切关心的面孔了，那些若有若无的叹息也逐步消失了。

很明显，小强就是那种用开心掩饰悲伤的留守孩子，用漫不经心的外表掩饰父母不在身边的孤独寂寞，幸好妈妈细心，发现了小强的问题，从而决定回到小强身边，让小强再次感受有父母在身边的快乐。

由于父母不在身边，很多留守孩子都有各种各样的问题，其实有问题并不可怕，因为孩子出现问题后，他们的行为习惯都会有所改变，父母们只要在跟孩子联系的时候多注意孩子言语的细节就不难发现。下面就是一个比较有效的方法，家长们不妨试一下。

父母可以和孩子解释父母为什么要离开他。孩子虽然小，但并不代表孩子不懂事，父母可以把自己外出的原因告诉孩子，让孩子理解父母离开他是有不得已的苦衷，这样能帮助孩子正确看待父母的离开，会避免孩子产生偏激的想法，也就不会出现孩子过分外向的现象了。

赵小明今年上一年级了，还加入了少先队，这让小明既高兴又伤心，高兴大家都可以理解，但是好好的，小明伤心什么呢？原来，爸爸妈妈见小明上了一年级，觉得孩子也不小了，离开父母也不会像小孩子一样大哭大闹了，就决定两人趁着年轻多挣点钱，一来供孩子上学，二来双方的老人都年纪不小了，以后生病吃药养老都得需要钱，只靠家里的几亩地是远远不够的。

但是这个决定还得全家支持才行，但是小明明显地不高兴爸爸妈妈外出打工。其实小明的爸爸妈妈又何尝愿意离开家，但不外出打工的话，只怕到时候家里会更困难。经过一晚上的商量，爸爸妈妈决定把这件事的利害关系跟小明解释一下，希望他能理解做父母的不易。虽然小明刚上一年级，但他一直是个懂事的孩子，爸爸相信小明会理解他们的。

“小明，爸爸知道你不希望爸爸妈妈离开你，但是如果有一天爷爷奶奶生病了，而你上学又要用钱，可咱们家没有钱能够救急，会成什么样子？”爸爸和蔼地问道。

“没钱了？”爸爸话让小明很迷惑，他从没想过这个问题。

“对，一分钱也没了，也就是说如果你想穿新衣服，咱家没钱就买不了。你想上学，咱家没钱就交不了学费，你也去不了。爷爷奶奶病了的话，没钱买药，就得一直像你上次发烧一样那么难受。你希望咱家变成那样吗？”

“不想。”小明不敢想象他家没钱会变成什么样。

“可是现在咱家的钱很快就要用完了，爸爸妈妈得到很远地方才能挣些钱，这样才能给你买衣服，供你上学，你会怪爸爸妈妈不管你吗？”

“不会，爸爸妈妈是为了我好。”小明很懂事地说。原来爸爸妈妈不是不要他，是给他挣钱买衣服、上学的。

“小明真乖，爸爸回来的时候给你带好吃的。”听到小明的理解，爸爸顿时松了一口气。

而小明听到有好吃的就一蹦三尺高，一下就把刚才的不快抛到脑后了。

小明爸爸的这个做法还是很可取的，这几乎是一个零伤害的办法，在事情未发生之前就已经解决了，也就是提前让父母不在身边的负面影响给小明带来的伤害缩到了最小。很多父母觉得父母离开家外出挣钱是大人的事情，跟孩子说了也白说，其实孩子虽小，但也是有感觉的，如果孩子不明白父母这么做的原因，很容易对父母产生误会，造成难以弥补的后果。

此外，父母可以试着在一些特殊的节日给孩子一个惊喜，让孩子知道父母并不是不关心自己，比如，在孩子生日的时候，给孩子寄些衣物或者新奇的玩意，这样会冲淡父母不在身边的伤感，孩子就不会产生偏激的心理，也就不会借着笑脸发泄心中的不快。

不要让优柔寡断缠上孩子

杨小胖最大的兴趣就是吃了，这一点大家都深信不疑。但是这天吃午饭的时候，杨小胖的表现却让大家对他最大的兴趣产生了怀疑，因为中午在食堂的时候很多同学看到小胖没有对着盘子里的鸡腿大快朵颐，而是盯着鸡腿发呆！

小胖不会有心事吧，可究竟什么心事竟能让小胖抵制住吃的诱惑呢？同学们好奇了半天，才从小胖嘴里知道事情的原委：周末的时候，班上的孙小庆过生日，而和小胖关系最好的一个表哥刚好周末结婚。小庆和小胖还是邻居，从小一起上学，跟亲兄弟一样；可是和这个结婚的表哥虽然年纪与他相差了几岁，但也是对小胖照顾有加，尤其是小胖的父母长年在外工作，这个表哥给了他家人般的温暖，不是亲兄弟，胜似亲兄弟。所以中午吃饭的时候小胖就在为去谁家而纠结。

看来这真是个难题啊，小胖决定给爸爸打个电话，听听爸爸的意见。当爸爸得知小胖的难题时，决定趁机引导小胖分析问题，帮助小胖提升情商。于是爸爸这样小胖说："人的一生可以有很多次过生日的机会，但是结婚就一次，你可以选择去表哥的婚礼。如果你觉得对不住小庆，可以提前跟他说，礼物也可以提前送，相信小庆会理解的。"

"哇！爸爸好厉害，我纠结了一天的事情，你居然一句话就解决了。"听了爸爸的分析，小胖顿时豁然开朗。

"小胖，你是男子汉大丈夫，做决定可不应这么婆婆妈妈的，在这里爸爸送你两句话：两害相权取其轻，两利相权取其重。遇事难决断的时候想想这两句话就行了。"

小胖听了爸爸的话感到很不好意思，自己的确不该这样优柔寡断的，于是暗下决心，以后一定要做个果断的男子汉。

事例中，爸爸对于小胖的犹豫不决并没有过多的批评，而是用一种半开玩笑的语气告诉孩子，优柔寡断是不可取的，应该改掉这个毛病。小胖听了爸爸的话，也发现了自己的问题，下决心改正，并把爸爸送给自己的两句

“格言”谨记心中。很多留守儿童都有优柔寡断的毛病，这对孩子的健康成长是很不利的，因为这样的孩子往往对自己没有信心，遇到事情不敢大胆抉择，只知道一味地听取别人的意见，更严重的是这样的孩子不相信自己，同样也很难得到别人的信任。

莎士比亚的《哈姆雷特》中有这样的一句话：“重重的顾虑会使我们变成懦夫，决心的炙热光彩被审慎的思维盖上了一层灰色。伟大的事情在这种考虑下，也会逆流而退，失去了行动的意义。”所以父母虽然不在孩子身边，但是在和孩子联系的时候，要注意了解孩子是否有犹豫不决的特征，如果有，则要采取相应的措施，尽量让孩子早点改掉这个毛病。下面是关于帮助孩子摒弃优柔寡断的方法，家长们可以参考一下。

父母们可以尝试一下“强迫”法。所谓的强迫法就是给孩子限制一定的时间，让他们在这个时间内对犹豫不决的事情做出决定，让孩子尽量减少胡思乱想的次数，时间长了孩子就会逐步从优柔寡断中走出来。

冯小梅今年14岁了，学习成绩还不错，这让在外工作的父母很欣慰，也很放心，他们只有休假的时候回家看看，或者在小梅放假的时候接过去跟他们住一段时间。这样的日子由来已久，并没有给小梅带来很大的影响，至少爸爸妈妈一直都是这么感觉的。

但是这种状态最近却出了点情况，小梅正在放暑假，来爸爸妈妈工作的地方有一星期了，今天正好周末，妈妈打算带小梅去买几件新衣服，等小梅开学的时候穿。在商场里小梅相中了一件浅紫色的裙子，穿上去很漂亮，妈妈给她挑了一件鹅黄色的连衣裙，试了一下也很漂亮，小梅也很喜欢。

妈妈见两件衣服小梅穿着都不错，就让小梅自己挑一件最喜欢的，然后就想着趁这个空当看看有没有适合自己的衣服，平时工作忙，没时间逛街，干脆把握住今天这个机会，狂购一番。但是妈妈没想到的是，自己的衣服都买回来了，小梅还站在柜台前犹豫！这又不是什么重大决定，小梅至于思考这么长的时间吗？

“小梅，怎么还没选好啊？我的衣服都买完了。”妈妈拿着自己挑好的衣服在小梅眼前晃了晃。

“我不知道该选哪个嘛。”小梅满脸的苦恼。

“这个紫色的喜欢吗？”妈妈耐心地问道。

“喜欢，但是学校规定不准穿削肩的衣服。”小梅为难地说。

“那就拿鹅黄色的这件。”

“可是这件跟我们英语老师的一件衣服很像，我怕会撞衫。”小梅犹豫了一下说到。

“那就再看看别的。”

“我已经看过了，但还是比较喜欢这两件，其实有的同学也穿过削肩的衣服，学校也没管。”小梅想了想说到。

妈妈不知道自己的女儿什么时候变得这么犹犹豫豫了，买一件衣服居然有这么多的顾虑，那要是遇到别的事妈妈担心小梅会想得走火入魔。于是她当即决定：“小梅，给你三分钟，三分钟之后你再选不出要哪个的话，那就一件都别要了。”

在妈妈的“逼迫”下，小梅终于决定买了那件紫色的裙子。为了帮小梅改掉犹豫不决的习惯，妈妈总是让小梅在规定的时间内做出决定，免去她做决定的时候左思右想的时间。在妈妈整个假期对小梅的“训练”下，小梅这种犹豫不决的毛病终于渐渐地改掉了。

小梅妈妈的这种做法听起来有些残酷，却是一个行之有效的办法，尤其是在孩子放假的时候，父母可以把孩子接到自己的身边，既可以帮助孩子改掉这个坏习惯，又可以培养与孩子之间的感情，一解平时对孩子的思念。

人们做事之前要经过周详的考虑是有必要的，但是一旦做了决定就不应再患得患失、反反复复地思考。一位名人曾说过，不要等到万事俱备的时候才去做，永远没有绝对完美的事情，如果要等到所有的条件都具备以后才去做，那就只能永远等待下去。所以，父母要让孩子明白有得必有失的道理，明确什么才是自己想要的，向着自己最想要的那个东西去努力就行了，对于其他次要的东西，不应有过多的顾虑。比如孩子周末的时候想和同学去公园玩，但是作业比较多，玩的话就没时间写作业了，这时就要让孩子知道哪个对他是重要的，哪个是次要的。去公园玩的话每个周末都可以，但是作业写不完不仅迟早要补上，还会受到批评，这时孩子就会明白该怎么做了。

学会坚韧，留守孩子一样能成功

孙慧慧今年上四年级了，爸爸妈妈一直在外打工，慧慧一直住在姥姥家，姥姥姥爷的文化水平都不高，从来没有为慧慧辅导过功课，也没请过家教，但是慧慧的成绩仍然很好，这让长期在外打工的父母很是欣慰。

慧慧成绩好不是没有原因的，她聪明又努力，且很有上进心，所以在慧慧眼中，前五名就是自己的位置，只能往上升，不许往下降。但是事情总会有意外，就像天气不会一直都阳光明媚一样，这次慧慧的成绩居然没有进前五名，而是第六名，这让慧慧很恼火。

原来班上新来了一个学生，这个学生的成绩和慧慧不相上下，这次他以多出慧慧两分的成绩把慧慧挤出了前五名。慧慧觉得自己的成绩出了前五名简直是奇耻大辱，她发誓下次一定要超过这个新来的张强，但是张强也不是“等闲之辈”，脑子也聪明得很，并且也很勤奋，所以慧慧再一次“名落孙山”。这次的失败让慧慧很是着急，她觉得一天不超过张强她就一天睡不踏实，她怕时间长了自己会被落得越来越远，她不敢想象被同学说起她不如张强时的样子。

但是慧慧又一次失败了，三连败的成绩她还没遇到过呢，慧慧顿时对自己失去了信心，也许这个张强真的比她强。这次打电话回家的时候，妈妈明显感觉到慧慧不像以前那么自信，听到她妈的电话就高兴得不得了汇报自己的成绩，这次的慧慧好像很不高兴。

“慧慧，怎么了，不想跟妈妈说话吗？”妈妈和蔼地问道。

“没有。”慧慧小声地说。

“为什么妈妈觉得慧慧不太高兴呢，愿意跟妈妈说说吗，也许妈妈会帮上忙哦。”妈妈试图以孩子的口吻与慧慧交流，希望慧慧能把心事告诉她。

慧慧就把自己的成绩总是超不过张强的事情说了出来，听那沮丧的口气就知道慧慧要认输了。

“慧慧，妈妈给你讲个故事好吗，据说只有两种动物能登上金字塔的顶端，一个是老鹰，另一个是蜗牛，如果你没有老鹰的翅膀，那你就要有蜗牛的坚持。慧慧三次不如张强并不代表永远不如张强，坚持努力下去，也许下次你就能超过他了。”妈妈鼓励道。

妈妈说得很有道理，慧慧决定继续努力，她相信自己一定能超过张强的。果然皇天不负有心人，两个月后慧慧不仅超过了张强，还杀进了班里前三甲。

慧慧是一个要强的女孩，但新来的同学张强一连好几次成绩都比自己好，让她有点泄气，甚至想放弃。因为父母不在身边，慧慧一直都是凭自己的意志去努力，但是没有父母的引导，仍是孩子的慧慧很难坚持很长时间，幸好妈妈的鼓励很及时，让慧慧很快改变心态。

孩子尚在性格塑造期，对他们来说，周围的很多事物都是新奇的，有的孩子今天想玩剪纸，明天想玩皮球，后天不知道又会想些什么。但是在孩子慢慢成长的过程中，孩子的坚韧性也会随之发展，可是有的孩子长大之后，做事情总是坚持不懈，有的孩子长大以后对待事情则总是三分钟热度，很快就失去了兴趣，这就是因为父母的教育方法不同。

留守儿童是一个特殊的群体，虽然父母不在身边，但是父母的言行举止仍对孩子有着不可替代的影响。要想孩子长大后能有一番作为，父母就应在平时与孩子联系的时候对孩子进行坚韧方面的培养，下面几种方法可供父母们借鉴。

首先，父母要教孩子正确看待自己失败的原因。孩子在学习或者生活中难免遇到一些失败，但是一时的失败只能代表一件事不太圆满，并不能说明孩子的能力不行。父母在与孩子沟通的过程中，如果发现孩子因为一时的失败而受到了打击，要及时开导孩子，让他明白只有乐观积极地面对失败，并坚持不懈地努力才能取得成功。比如孩子在家学做饭，本想给爷爷奶奶一个惊喜，结果好几次都把饭给烧煳了，这时父母不妨让孩子讲讲做饭的过程，看孩子哪一步没做好，并给孩子提点意见，如果孩子还有不清楚的地方，可以让家里的爷爷奶奶给现场指导。

其次，父母可以让孩子了解并发挥自己的长处。每个人都有自己擅长和不擅长的地方，父母应尽量鼓励孩子多做些自己擅长的事情，并且要不断培养自己的兴趣，发挥自己的优势，突破自己现有的成绩，这样孩子就会在兴趣中不断进步，会更好地发挥自己所擅长的事情，取得更好的成绩。

李文文今年13岁了，一次班主任开班会说希望同学们在课下可以培养一下自己的兴趣爱好，男生喜欢打篮球的可以多打篮球，女生可以学练舞蹈或者钢琴什么的，只要自己喜欢就好。

文文回家后就跟在外工作的爸爸妈妈打了个电话，说自己想学钢琴，女儿提出了要求，做父母的当然支持。于是奶奶就带着文文去报了钢琴兴趣班，开始的时候，文文对钢琴很是新奇，希望自己有一天也可以像电视剧里面的钢琴家一样，舞动着手指，弹奏出美妙的音符。

但是两星期过后，文文就打退堂鼓了，因为以前没有弹钢琴的基础，文文学得格外吃力，而且总是兴趣班里学得最慢的一个，她的自尊心大受打击。

“妈妈，我不想学钢琴了。”文文给妈妈打电话时委屈地说。

“为什么呢？”妈妈有点不理解，前阵子还兴致勃勃呢，这会儿居然丧气成这样了。

文文把自己学钢琴过程中出现的情况给妈妈说了一遍。妈妈鼓励她不要放弃，万事开头难，坚持一阵子就好了。但是事情并没有像妈妈预料的那样，文文仍然是班上学得最慢的一个。文文再次打电话向妈妈诉苦时，妈妈突然记起，文文的手指一直都不太灵活，也许文文真的不适合学钢琴，但是该让孩子学点什么好呢？

文文的十字绣绣得很不错，这也是兴趣的一种吧，于是妈妈让文文试着绣十字绣。

果然文文好像天生就会绣十字绣，学了一段日子就能绣得很好，开始的时候只是绣一些小挂件，慢慢地开始绣一些比较大的图案，绣十字绣的过程中，有一段时间文文觉得一直对着网格子绣十字没意思，又想换一件事情做，被妈妈制止了，妈妈说："做事情贵在坚持，绣十字绣这件事虽然看起来不起眼，但是只要你坚持绣到最后，就能找到成功达到目标的成就感。做所有事情都是这样，只有坚持到最后，你才能品尝到成功的喜悦。"

文文接受了妈妈的建议，继续坚持绣十字绣，妈妈也不断给文文买一些十字绣的绣布以示鼓励，而文文也不负妈妈所望，可以坚持绣相当大的一幅图案了。她把自己的绣的《傲雪寒梅》给妈妈寄去，让妈妈验收成果，妈妈看到女儿的成果很是高兴，周围的邻居来串门的时候，看到了文文绣的十字绣，都不敢相信这么漂亮的作品居然出自一个小女孩之手。文文也从中体会到了坚持到底就是成功的含义，更加努力学习了。

开始的时候，文文学钢琴，但是学得并不是很好，当妈妈考虑到文文因为手指不灵活不适合学钢琴的时候，就建议文文学绣十字绣，但是这一次妈妈并没有允许文文轻易放弃，因为妈妈知道绣十字绣是文文比较擅长的，只有坚持才能真正学好。这种根据孩子的长处来培养孩子的坚韧性，是一个一举两得的好办法，值得家长们借鉴。

父母不在身边，孩子也可以很勇敢

张兰是一个农村女孩，跟村子里大多数的孩子一样，父母外出打工挣钱，张兰跟着家里的爷爷奶奶一起生活。虽然父母不经常在身边，但是张兰每天依然生活得很快乐，因为爷爷奶奶在她很小的时候就告诉过她，爸爸妈妈其实是很疼爱她的，外出打工是为了供她上学，希望她长大后能上一个更好的大学。而且爸爸妈妈经常打电话来，让张兰觉得他们好像并没有外出，一直就守在她的身边。

这天，张兰放学回家后就开始认真地写作业，因为她和邻居的几个小伙伴商量好了一会儿要出去捉萤火虫。果然，张兰这里刚写完作业，邻居小芳还有几个小伙伴就来叫张兰出去玩了，张兰跟正在做晚饭的奶奶说了一声就跑出去了。

这时天已经有点黑了，张兰和小伙伴们在村子的一片草地上停了下来，而萤火虫们正在草丛间飞舞，一闪一闪的，像天上的星星，好看极了。小伙伴们纷纷拿出自己的瓶子，开始捉萤火虫。

突然小芳“啊”的惊叫了一声，小伙伴们循声望去，只见小芳颤抖着说：“有……有蛇。”小伙伴们一听顿时吓坏了，开始乱跑乱跳，都怕被蛇咬到，这时爸爸的话闪入张兰的脑海，她立即冷静了下来，大声说：“大家不要动！”

众人听到张兰的话，大吃一惊，不跑难道要等蛇来咬吗？张兰见大家不理解的样子，继续说道：“我们这里是平原地区，蛇一般都是没毒的，而且蛇不会主动攻击人，除非我们打到它了。现在那条蛇应该还在草丛里，我们刚才那样又蹦又跳地说不定就会踩到它，那样的话蛇可能就会条件反射回咬一口。所以大家先不要动，也许蛇一会儿就会爬走了。”

小伙伴们立刻安静下来，大家不一会儿就听到蛇在草丛里爬动发出的声音，慢慢地声音越来越小，蛇爬走了。在回家的路上，大家都称赞张兰刚才很勇敢，临危不乱，因为他们刚才站在草丛里，都吓得不知该怎么办了。

听到大家的表扬，张兰有点不好意思地说：“其实一开始我也很害怕的，但是我突然想起以前爸爸说过的话，他说遇到事情要先冷静下来，害怕是没用的，解决不了问题。”

张兰之所以能临危不乱，这与爸爸对她的教育是分不开的，遇到危险先让自己保持冷静，然后思考解决的办法，这是一个勇敢的孩子所具备的特点，无疑张兰已经具备了。很多家长都希望自己的孩子能有丰富的知识，长大之后成为一个博学多才的人，能有一份更好的工作。但是现在的社会对孩子还有更高的要求，掌握丰富的知识只是其中的一部分，孩子还要有很强的能力才能适应未来社会的挑战，而勇气是孩子面对挑战的必要因素，一个敢于挑战的人才有赢得胜利的可能。

但是现在很多留守儿童因为父母不在身边，跟爷爷奶奶在一起，虽然老人对孩子疼爱有加，照顾周到，却减少了让孩子独当一面的机会，孩子的勇气得不到锻炼，从而变得比较怯懦。因此，父母即使不在孩子身边，平时和孩子联系的时候也不要忘了对孩子的教育。教育的方法有很多，下面的方法家长们可以试一下。

父母不要吓唬孩子。有时候父母因为自己不在孩子身边，又怕孩子在家不听话，于是在与孩子联系的时候，就会对孩子说，如果你在家不好好听话，等爸爸回去的时候就把你怎样怎样。孩子年纪小，不知道父母的真正用意，就会信以为真，日夜担心自己的所作所为会不会惹怒了爸爸，害怕的种子就会在孩子的心中发芽生根。

赵小亮上五年级了，从他上一年级的时候，爸爸就开始外出做生意，妈妈则是留在家中照顾小亮。小亮似乎生下来就怕爸爸，在爸爸没有外出做生意的时候，爸爸在家说什么就是什么，小亮从不敢跟爸爸开玩笑。比如，一次吃饭的时候小亮边吃边玩，不小心打碎了一个碗，爸爸只说了一句："再发生这样的事以后就不要吃饭了。"小亮吓得以后在爸爸面前再也不敢说话了。

现在小亮又遇到了"煞星"，他的英语老师。这个老师很严厉，学生的作业她都会仔细检查，一点错误都会标出来，而且每节课都会提问上节课的内容，回答不出问题的同学将会受到严厉批评。

小亮本来胆子就小，又遇到一位这么严厉的老师，导致小亮一上英语课就战战兢兢的，生怕被老师提问到自己。虽然前一天晚上他就已经把当天要提的问题背了很多遍，但还是不怎么敢举手，怕自己回答错了，结果由于过分紧张，老师提问的时候，本来会的小亮也都忘了。家里就小亮这一个孩子，小亮每一个细微的改变妈妈都看在眼里，当然也包括小亮每天做完作业之后还"勤奋"学英语。

"小亮，最近怎么老是看英语啊，是不是英语作业留得太多了？"妈妈试探性地问道。

"不是，是老师每天都要提问上节课的内容，回答不下来老师会批评的。”小亮小声说道。

“那你现在把昨天的内容都记住了吗？妈妈现在提问你一下，怎么样？”老师讲的不算多，小亮都看了一个小时了，应该记住了。

“嗯。”妈妈提问一个小亮回答一个，看来小亮记得已经很熟练了，妈妈忍不住表扬了一番。

“但是老师一提问，我一紧张就又忘了。”小亮丧气地说道。

“小亮，相信自己，不要害怕，老师提问的时候就把老师当妈妈好了，这样就不会紧张了。”妈妈鼓励道：“你记得这么熟练，妈妈相信班上没有人会比过你的。”

在妈妈的鼓励下，第二天上英语课的时候，小亮勇敢地回答了老师的提问，虽然还是很紧张，但是并没有忘掉背过的内容，这让小亮找回了本应有的自信，上英语课的时候也不会那么害怕了。

小亮因为小时候爸爸的吓唬，变得怕爸爸，后来又因为英语老师过于严厉而害怕上英语课，对于像小亮这样胆小的孩子，妈妈的鼓励是正确的。为了防止孩子出现过于胆小的情况，父母在孩子年纪尚幼的时候，尽量少说吓唬孩子的重话，不要让孩子产生心理阴影。

此外，父母还要给孩子足够的信任，要相信孩子没有父母在身边也会做得很好，并且让孩子感受到你的信任，这样孩子会增加勇气，敢于迈出第一步。比如，父母在和孩子联系的时候，可以鼓励孩子自己去上学校，不要每天都让爷爷奶奶接送，学校比较远的话，建议孩子自己试着乘公交车，不要怕走错路、乘错车。告诉孩子每次成功的背后都要有数次失败的尝试，并且爸爸妈妈相信他一定会自己成功坐车到学校的，当然也不要忘了嘱咐孩子注意过往的车辆。

远水解近火，妙招解决孩子偏执性格

莎士比亚曾说过："容忍是最大的智慧。"相信很多父母也都希望自己的孩子能有宽广的胸怀，但是事实上很多孩子由于教育方式的不正确，不仅心胸没有父母预想的那样宽广，反而有些狭隘，尤其是父母不在身边的留守儿童。

薛小凯今年上三年级了，爸爸妈妈工作比较忙，没时间照顾他，于是教育小凯的重任就落在爷爷奶奶的身上。别看小凯年纪不大，却鬼灵精得很，在家的时候一副乖宝宝的形象，很讨爷爷奶奶的开心；在学校里却是谁都不敢惹的小霸王。小凯最近有点瞧不起班上的一名叫周明的同学，因为周明的家庭条件远不如小凯，但是成绩却比小凯好很多，这让小凯心里很不舒服，总想有事没事地找周明的茬。

这天小凯故意在周明面前大叫一声："哎呀！周明你的衣服怎么坏了一个口子啊，衣服坏了就不要再穿了，快换一件吧。"小凯假装很关心周明的样子说道，其实是想在同学面前寒碜周明一下。

"哦，谢谢，你不说我都没看见。"周明显然没发现小凯的敌意。

"还有周明，我建议你去学校南面那家最大的商场去买衣服，那里衣服的质量比较好。"小凯知道那里衣服的价格很贵，以周明家庭条件肯定买不起。

"可是那里的衣服太贵了，我从不去那里买衣服的。"周明如实说道。

“那里的衣服你都嫌贵，不会吧，你爸妈做什么工作的，这点钱都花不起。”小凯很“惊讶”地说。

这时周明终于明白了小凯的意思，他是在挖苦自己。周明立即不甘示弱地回了小凯一句，接着两人言语逐渐激烈，最后大打出手，周明当然不是“小霸王”小凯的对手，被打伤了。这件事惊动了学校，校方通知了两方家长，这时小凯的父母才知道自己的孩子在学校原来是这么“有名”，想管教，但是都不经常在家，更何况小凯早已“成精”，爸爸妈妈很后悔对孩子疏于管教，但是又没有找到较好的办法。

从事例中可以看出，平时缺少父母的关心和教育，小凯有些和很多留守儿童一样的偏执狭隘的性格，周明的成绩比他好，小凯心里想的不是如何向周明学习提高自己的成绩，却是想找机会让周明出丑，来满足因成绩差距产生的不平衡心理。平时父母在与孩子联系的时候，要多加留意孩子的心理变化，看看孩子是否有些不正常的改变，然后多加引导，尽量早地帮孩子解决问题。

偏执狭隘的性格对孩子的成长是很不利的，敏感多疑、心胸狭隘、爱嫉妒等性格缺陷会让孩子难以和周围的人正常相处，如果长时间得不到正确的引导，就会发展成人格障碍。当孩子长大后步入社会，这种畸形心理还会让孩子在事业或感情上受到更多的挫折，因此父母在平时一定要注意对孩子心理方面的教育，让孩子远离狭隘与偏执。下面是教育孩子学会宽容大度的方法，家长们可以借鉴一下。

首先，父母可以鼓励孩子多交朋友。偏执型人格的孩子比较多疑，难以信任他人，对别人提出的忠告也不愿意接受。父母应鼓励孩子多交朋友，让孩子在与人交往的过程中学会尊重别人，信任他人，让孩子在与朋友相处的过程中慢慢改变偏执的思想。

今天张小晨觉得自己有点感冒，为了防止在上课的时间发烧，于是小晨在下课的时间回宿舍吃药，这时宿舍就小晨一个人，因为下课的时间比较短，同学们一般在课间是不回宿舍的。

在柜子里找出感冒药，小晨拿起自己的开水壶想倒点开水，却发现自己的开水壶里没水了，再看看宿舍其他人的开水壶，每个人壶里的水都是满满的。小晨顿时就不高兴了，一定是他们几个把自己壶里的水给用没了，小晨一想起宿舍里的其他几个人就不禁怒火中烧，因为在小晨的印象中他们几个平时都是互相帮忙，一个人去打水的时候，还会帮别人带一壶，但从来都不管自己的。小晨怀疑这次又是宿舍其他几个人故意冷落他。

周末打电话的时候小晨把这件事告诉了妈妈，妈妈一听到小晨的话就感觉到小晨有点不对劲，似乎太主观臆断了，也太极端了，如果说一个同学像小晨说的那样，还情有可原，一个宿舍五六个人，都像小晨说的那样故意冷落他，似乎不太可能。

于是妈妈给小晨的班主任打了个电话，向他了解小晨在学校的情况，这时妈妈才知道，小晨不仅是在宿舍，而且在班上跟周围的人相处得也不太好，总是把别人的好意当成另有所图，所以小晨几乎没有朋友。

向老师了解了小晨的情况之后，妈妈又给小晨打了电话，鼓励他多跟同学相处，要试着相信同学，很多同学的建议都是出于好意的，要试着先相信别人，然后别人才能相信你。小晨听了妈妈的话，觉得妈妈说的有道理，其实他也觉得自己有时候思考问题有点极端，他就按照妈妈说的，慢慢地试着接受同学的建议。

果然，同学的建议还是很好的，自从接受同学小羽在书的每章首页粘一块彩带突出来作为书签之后，两人的感情也好了起来，慢慢地小晨跟同学之间的关系有了明显的改善，小晨也习惯了接受同学的建议，相信同学是真心对他好的。

其次，父母可以请求老师的帮助。孩子大部分的时间都是在学校里度过的，孩子从老师那里学习知识，老师的赞扬和批评对孩子有很大的影响。父母可以事先跟老师沟通，让老师了解父母不在孩子身边的情况，拜托老师在学校里多给孩子一些关心。比如，在孩子之间起纠纷的时候，让老师在公平对待之后和孩子谈谈心，及时驱散孩子心中的不快，避免孩子心中产生阴影，这样可以帮助孩子远离偏执型的性格。

第六章 注重品德教育，让留守孩子更受尊敬

高尔基曾说过这样一句话：“爱孩子是母鸡都会做的事情。”天下没有不爱孩子的父母，关键是如何去爱，父母正确爱孩子的方式应当是教会孩子正确地做人、待人。孩子优良的品德不仅是天性使然，还需要后天的培养，本节从善良、诚实、责任、正直、守纪等方面讲述了如何让孩子成为一个有美德的人。

远行前，在孩子心中播下善良的种子

雨果说："善良的心就是太阳。"的确，善良可以给我们带来温暖和力量，也可以使我们的人际关系更加融洽。但是，在留守儿童当中，一些孩子却缺少这种美德。

今年12岁的晓军家住贵州省农村，他的父母都在外地打工，为了节省路费和电话费，他们两三年才能回家一趟，平时也很少给晓军打电话。晓军一直和爷爷奶奶在一起生活，他的脾气很暴躁，虽然爷爷奶奶很疼爱他，但他经常因为一些小事就冲着爷爷奶奶大叫大嚷，还总去欺负邻居家的小弟弟小妹妹，邻居们都叫他"小霸王"。

一个周末的早晨，爷爷奶奶去地里干活了，晓军在家里睡觉。忽然，奶奶养的一只怀了孕的大花猫弄翻了笸箩，把晓军吵醒了，他一气之下竟然几脚就把大花猫踢死了。

俗话说，"人之初，性本善。"事例中的晓军却因为一点小事对一只猫狠下毒手，之所以会出现这种情况，主要原因是晓军的父母长期不在他的身边，与他的沟通比较少，而爷爷奶奶又无法取代晓军父母的管教作用，他们平时只是关心照顾晓军的身体，很少关注他的内心世界，所以忽略了对孩子进行与人为善的道德教育。

还有的留守儿童在品德方面有所欠缺，是因为他们的父母在外打工时不仅吃苦受累，还受尽别人的白眼和欺负，因此这些父母为了让自己的孩子不吃亏，对他们进行了一些错误引导，使孩子变得自私冷漠，对他人心存戒备，甚至产生愤世情绪。高尔基曾说过这样一句话：“爱孩子是母鸡都会做的事情。”天下没有不爱孩子的父母，关键是如何去爱，父母正确爱孩子的方式应当是教会孩子善良待人。

善良的美德对人们的一生都是非常重要的，它是一个人成功和幸福的基础，有这样一个寓言故事。

从前，一对老夫妇在乡下生活，在一个寒冷的飘着雪花的夜晚，老夫妇家的大门被三个人敲响了，他们分别是成功、财富和善良。老夫妇只能邀请其中的一个人进去，他们不约而同选择了善良，没想到，成功和财富随后也跟着他们走进了屋子。面对老夫妇的疑惑，成功和财富说：“善良走到哪儿，我们就跟到哪儿！”

如果想获得成功，就要先成为一个善良的人。一个缺乏了善良本性的人即使获得了成功，拥有了财富，也不会长久的。父母要充分认识到善良的品德对孩子成长的重要性，对于留守儿童，爷爷奶奶等其他监护人也要重视对孩子的品德教育。

孩子善良的品德不仅是天性，还需要家人后天的培养。以下有几点来自专家的建议，可供父母们参考。

首先，要让孩子感受到父母的爱。父母要想让孩子学会善良，就要为孩子创造一个真善美的家庭氛围，能够让孩子感受到关爱。即使父母不能陪伴在孩子身边，也要经常通过打电话、写信等方式向孩子表达爱意。因为最能体现善良的方式就是关爱，父母或者其他监护人要先让孩子学会感受爱，进而学会如何去爱自己的父母，爱自己的老师，爱所有关心和帮助自己的人。

其次，父母要鼓励孩子多向善良的人学习。比如，那些乐于助人的道德模范，或者孩子身边的善良的、乐于助人的人，他们看到需要帮助的人就会毫不犹豫地伸出援助之手，孩子通过模仿自然就能学会关爱他人。

彤彤的父母在外打工，彤彤从10岁起就和姥姥生活在一起。姥姥非常善良，是村子里有名的热心肠。父母经常告诉彤彤要像姥姥一样做个善良的人。每逢亲戚朋友家有需要帮助的事情，姥姥就带着彤彤一起过去帮忙。上个月邻居孤寡老人张奶奶生病了，没有人照顾，姥姥每天都带着彤彤去给张奶奶送饭，还帮张奶奶收拾房间、换洗衣服等。在姥姥的言传身教下，彤彤在学校也非常喜欢帮助同学，因此她交到了很多知心朋友。

上面事例中彤彤的姥姥就给孩子做出了很好的榜样，在我们身边有很多弱势群体，比如残疾人、老人等，父母或其他监护人平时就要关爱和同情弱者，比如看到老人过马路时扶上一把，看到盲人迷路送上一程等，长辈在探望病人的时候，也可以带着孩子一同前往。在长辈的耳濡目染下，孩子也就学会了关爱他人。

第三，父母要让孩子远离网络游戏、暴力电视节目等可能给孩子带来不良影响的因素，要引导他们多看一些积极向上的、能让孩子感受到爱的节目和书籍等，以此来激发孩子善良的天性。

14岁的小峰是个留守儿童，长期与奶奶生活在一起。每天除了上学，他大多数时间都会和小伙伴泡在网吧里玩游戏，虚拟世界里面的打打杀杀让他觉得非常过瘾。一天，小峰到网吧旁边的小商店买东西时与商店主人发生争执，他拿出随身携带的弹簧刀向对方捅去，导致商店主人重伤住院，小峰也因此被关进了少年劳教所。

如今，电视和互联网中常见的惊险刺激的节目，五花八门的网络游戏很容易使孩子们上瘾。有一部分留守儿童因为远离父母的视线，经常沉迷于网络游戏和不良电视节目中，由于孩子的心智还不够成熟，缺乏判断力，不能分辨什么是对的，什么是错的，所以很容易在不良文化的影响下误入歧途。因此，爷爷奶奶等其他监护人要为孩子把好关，多让孩子接触具有正能量的东西。

让孩子永记，诚实是最宝贵的财富

美国小说家德莱塞说，诚实是人生的命脉，是一切价值的根基。的确，所有的父母都希望自己的孩子是诚实的，但在留守儿童当中，有的孩子就表现得不尽如人意。

今年13岁的菲菲，家住黑龙江农村。她的父母长年在南方打工，只有过年的时候才能回家几天，然后又会匆匆离开。菲菲跟父母相处的时间很少，她一直与年迈的爷爷奶奶生活在一起。爷爷奶奶没有额外的收入，只是靠着菲菲父母打工寄回来的钱过日子，供菲菲上学，生活很拮据。

一天，菲菲的奶奶打算到市场买菜，却发现自己兜里的50元钱不见了，菲菲和爷爷都说自己没有看到。奶奶着急地找遍了家里的每一个角落，最后在菲菲的书包内兜里发现了50元钱。面对奶奶的询问，菲菲羞愧地低下了头，承认了自己的错误。

事例中的菲菲对奶奶撒谎，是因为她想要自己花掉那50元钱，又担心奶奶知道真相之后会批评责备她。其实，孩子之所以会对长辈说谎话，无外乎有以下几点原因：首先是想要掩盖自己的错误，这些孩子一般都有过犯错误之后被家长责骂的经历。比如有一个孩子曾经因为摔坏了一个杯子被惩罚过，后来他又打碎了家里的花瓶，害怕被发现之后又要受到惩罚，就会对家长撒谎说不是自己做的。

孩子撒谎的另一个原因是为了得到某样东西。有的孩子从别人家偷拿了一样东西，为了占为己有会谎称这是自己的。孩子经常撒谎还有一个原因是模仿大人。有的父母经常欺骗孩子，比如，他们在离开家时会欺骗孩子说很快就会回来，却一走就是一两年。还有的父母甚至会帮孩子撒谎，导致孩子也慢慢变得不诚实。

建明今年上五年级，他的父母长年在外打工，回家的机会很少。有一次建明的爸爸正巧在家，有人打电话找他，他却示意建明告诉对方自己不在。还有一天，建明看电视看得太晚了，导致作业没有完成，担心第二天会受到老师的批评。他的爸爸告诉他，“你就跟老师说咱家晚上来客人了，因为招待客人作业才没写完。”第二天，建明按照爸爸教的方法逃过了老师的检查。

事例中建明的爸爸不仅自己说谎，还帮孩子撒谎，孩子遇到类似的情况时，情急之下就会选择说谎话。

俗话说，“诚实使人坚强，说谎让人软弱”。不仅如此，说谎对孩子的危害还有很多。首先，一个不诚实的孩子因为经常弄虚作假会逐渐被周围的人们否定，与社会格格不入，也会失去他人的信任和帮助，不容易成功。其次，当孩子养成了说谎的习惯，就很不容易改掉。另外，说谎对孩子的身体健康也有坏处，说谎带给孩子的恐慌和紧张会使孩子的神经系统受到不良影响。因此，父母要教育孩子从小做一个诚实的人。对于留守儿童，在他们身边的爷爷奶奶等其他监护人也要格外重视这一点。下面有几点建议可供家长们参考。

第一，父母要对孩子诚实的行为进行鼓励，并教会孩子主动承担责任。

星期日的上午，六年级男生大勇在自家的房子后面踢球，一不小心将球踢到了邻居王阿姨家的后窗户上，把玻璃打碎了。大勇吓了一跳，赶忙来到王阿姨家门口，发现里面没有人，就悄悄回到了家。中午吃饭时，大勇把这件事告诉了奶奶，奶奶耐心地教育大勇要勇于承认错误并承担责任，做一个诚实勇敢的孩子，大勇很是羞愧并向奶奶承认了错误。于是，奶奶下午带着他去王阿姨家承认了错误，大勇还主动用自己的零用钱买了一块玻璃作为赔偿，王阿姨一家都夸大勇是个诚实的好孩子。

事例中的大勇主动向王阿姨承认了自己的错误，并及时进行了弥补，因此得到了对方的谅解和称赞。当孩子不小心犯错时，如果他能够告诉父母实情，父母可以和孩子一起想办法，使问题得到解决，那么孩子造成的损失是能够及时弥补的。但如果孩子的诚实带来的是父母的惩罚，那么他以后就会因为害怕而不敢承认错误，就可能造成无法补救的后果，他的说谎行为也会继续下去。因此，父母要鼓励孩子的诚实行为，对孩子如实汇报的错误不仅要宽容处理，还要给予表扬，使孩子感觉到自己没必要说谎话，这样他以后犯了错误时才会敢于承认。

第二，父母不能对孩子要求过高，避免孩子因为达不到父母的要求而撒谎。

小学五年级的伟伟是一个留守儿童，他从小和姥姥在一起生活。伟伟的父母都是农民工，他们因为没有文化，只能在大城市干着又脏又累的活。他们都盼着伟伟能够好好学习，长大了不要像他们一样受苦。因此在外打工之余，父母最关心的就是伟伟的学习成绩。每次打电话，妈妈都要问伟伟最近有没有考试，考了多少分。他们还要求伟伟每门考试不能低于90分，在父母的殷切期望下，伟伟的学习成绩在班上一直处于中上等位置。

期中考试时，伟伟因为发挥失常，数学只考了70分。一想到父母的要求，伟伟心里就一阵发慌，担心受到父母的责备，再三思索，他决定拿起笔，将试卷上的70分改成了90分。电话里，伟伟怯怯地告诉妈妈自己数学考了90分，听着妈妈欣慰的笑声，伟伟心里的压力更大了。

事例中的伟伟就是因为没有达到父母的要求而说了谎话。很多父母都有“望子成龙、望女成凤”的想法，但如果父母对孩子的期望值过高，就有可能会带给孩子太大的压力，甚至使他们不得不以弄虚作假换来父母一时的欣慰。因此，父母要根据孩子的实际能力，对其进行合理的要求。

第三，父母要信任孩子，因为信任可以换来诚实。有这样一个小故事。

苏联教育家马卡连柯有一个学生，不仅喜欢说谎，还曾经偷过东西。这个学生总是被其他人孤立，没有人愿意和他交往。有一次，马卡连柯请他去取一笔很大数额的钱，这个学生难以相信自己的耳朵，他问道。“您就不担心我取了钱不再回来吗？”

马卡连柯微笑着说：“我相信你是个诚实的孩子。”

得到了马卡连柯莫大信任的学生将这次任务当作一个神圣的使命，很快就取回了钱并交给了马卡连柯，马卡连柯数都没数就把钱装进了口袋。面对这个学生的疑问，他说，“你数过就可以了。”

从此，这位学生因为诚实慢慢成了一个受人欢迎的人，他说，是马卡连柯的信任拯救了他。

可以说，是马卡连柯的信任感化了他的学生。的确，得到信任的人才更会懂得如何以诚实去回报对方。因此，父母要为孩子营造一个相互信任的家庭氛围，家人之间要说真话，不逃避责任，不掩盖错误，遇到问题一起解决。如此坚持，孩子就能够在这样的环境中成长为一个诚实的人。

父母不在身边，孩子更应勇于承担责任

在印度，自古就流传着这样一句话，每个人都背着一个包袱，里面有家庭、社会、事业……无论遇到什么艰难险阻，人们都不能将这包袱放下，因

为上面有“责任”两个字。的确，责任是我们每个人都不能丢下的使命。但是，在一些留守儿童当中，有些孩子就缺乏责任感。

明娟是一个二年级的女生，父母都在外打工，明娟和爷爷奶奶生活在一起，爷爷奶奶都非常溺爱她。明娟是个慢性子，每天早上，奶奶叫她起床都要花上很长时间，再加上洗漱、吃饭的时间，明娟几乎每天都是在奶奶的催促声中走进教室的。

这天是星期一，上课铃声响过十分钟后，明娟和奶奶才出现在教室门口。看见老师讲课被打断了，明娟的奶奶连忙向老师道歉，“老师，今天明娟起晚了，都怪我，没有及时把她送来，打搅你上课了。”而明娟则对此无动于衷，径直走到了自己的座位上。

按时上学原本是孩子自己的事情，而事例中的奶奶却替孙女向老师承认错误，反观明娟的表现却俨然一副置身事外的样子，可见她缺乏对自己负责的意识。之所以出现这种情况，主要原因就在于明娟的父母长期不在她身边，而生活在一起的爷爷奶奶又对她非常溺爱，导致她只知道接受爱和照顾，却不懂得付出爱，缺乏责任感。作为留守儿童，有不少孩子都和明娟一样，他们接受的是溺爱型的家庭教养方式，爷爷奶奶等其他监护人都觉得让孩子好好学习就可以了，他们把一切事情都替孩子包办了，他们不需要孩子做家务，也不需要孩子收拾房间，衣来伸手，饭来张口，孩子在这样的环境下长大很容易缺乏责任意识。

四川省仁寿县正山口乡有一多半的劳动力在外务工，他们的孩子都和家里的老人住在一起。乡中学的一位班主任老师总结出了一点：父母在身边的孩子，基本上学习都很用心，作业也完成得很及时。但那些留守儿童的作业几乎都是抄的，有的学生甚至干脆不做。

有一个叫东东的孩子，三年级时学习成绩不错。但升入四年级后，成绩却明显下降。他经常不完成作业，上课时间还经常趴在课桌上睡觉。班主任了解情况后发现，东东的父母在几个月前都出外打工了，家里只剩下他和年迈的爷爷。

孩子缺乏责任感的另一个原因是父母或其他监护人过分严厉。比如当孩子满怀责任心地去做一件事情的时候，一不小心做错了，受到长辈非常严厉的批评，这就会使孩子觉得做事情太负责任是一种痛苦，那么以后他就会因为害怕失败、害怕被惩罚而逃避责任。

孩子缺乏安全感还有一个原因就是有的父母或爷爷奶奶等监护人太过专横，其中不乏有些老人教育孩子唯一的方式就是打。他们经常以自己的标准去要求孩子、强迫孩子。比如要求孩子必须每天看三个小时的书等，孩子一旦被强迫就会变得非常被动，也就不会有责任心了。

列夫·托尔斯泰曾说过："一个人若是没有热情，他将一事无成，而热情的基点正是责任心。"由此可见，责任心对每个人来说都是非常重要的。首先，责任心决定着人们的生活态度，一个有责任感的人会积极生活，努力工作，认真学习，在面对困难的时候也能够有更强大的力量去解决。

其次，责任心能够使我们有担当，自己的事情不推给别人，自己犯下的错误也会自己承担后果，从而受到他人的肯定与欢迎。总而言之，责任心可以使我们走向成功。因此，培养孩子的责任心是父母义不容辞的责任，这需要父母和其他监护人做出共同的努力，以下有几点来自专家的建议可供父母们参考。

第一，父母要与孩子的爷爷奶奶等其他监护人一起努力，改变教育观念，将责任感传递给孩子。

10岁的彤彤的家在河北省的一个县城，她的父母长年在南方打工。“六一”儿童节快到了，彤彤的妈妈回家来看她，并带她到游乐场玩。由于天气炎热，游乐场里的很多人都买冷饮和冰棍解暑，不一会儿，地面上就留下了很多饮料瓶和塑料袋。彤彤的妈妈趁机教育道：“我们是社会中的一分子，都有保护环境的责任，你愿意做小小环卫工，帮打扫卫生的阿姨把垃圾扔到垃圾桶里吗？”彤彤听了妈妈的话，点点头，很开心地去帮助环卫工人捡垃圾了。

“爱护环境，人人有责”，事例中彤彤的妈妈通过让孩子帮助环卫工人，很好地培养了孩子的责任心。很多父母都希望自己的孩子成为一个责任心强的人，却总是忽略了对孩子责任感的培养，他们往往认为只要孩子用功学习就好了。因此，父母要转变自己的教育观念，让孩子意识到自己应当做好自己该做的事，成为有责任感的人。

第二，父母或其他监护人要让孩子做一些力所能及的家务劳动。为了让孩子专心学习，很多父母都不让孩子参与家务劳动，以至于这些孩子从来不会替家人考虑生活中的事情，也就无法体会到家人的辛苦。其实，父母可以让孩子去做他们能做的事情，让孩子在一次次锻炼当中增强责任感。

第三，父母要教育孩子学会对自己的事情负责，从而提升其自我管理能力，逐渐树立起责任感。

玲玲是一个四年级的学生，有一天，她不小心把好朋友小敏的小猪存钱罐打碎了。小敏知道玲玲不是故意的，就原谅了玲玲。回家后，玲玲将这件事情告诉了妈妈，妈妈教育她要为自己的行为负责。第二天，玲玲用自己的零花钱买了一个新的存钱罐还给了小敏。

父母要像事例中的玲玲妈妈一样，教育孩子对自己的行为负责。有的父母习惯了替孩子承担后果，导致孩子产生了依赖心理，影响其责任感的培养。其实，在孩子的成长过程中，只有懂得了为自己的错误负责，孩子以后才能够勇敢地承担生活中的各种责任。

让正直陪伴留守孩子的成长

自古以来正直就是中华民族的传统美德，它包含着公正、坦诚、勇敢等品德。正直的人往往言行一致，做事坦坦荡荡，待人不卑不亢，因此他们总会受到别人的信任和尊重。父母都希望自己的孩子是一个正直、受欢迎的人，但是在留守儿童当中，有些孩子就缺少这一美德。

10岁的建国和奶奶在一起生活，他的父母在外地打工，和他的沟通很少。因为奶奶的溺爱，建国在家里是一个十足的“小霸王”，奶奶对他毫无办法。建国特别喜欢看动画片，每天放学一回到家他就会打开电视一直看，还总欺骗奶奶说自己已经完成作业了。

在学校，建国也经常欺负其他同学，不是揪着女同学的小辫不放，就是对他看不顺眼的男同学动手动脚。有的同学看不惯建国的做法，就将这些告诉了班主任老师。在老师面前，他保证不再欺负别的同学，但没过几天就会再犯。

事例中的建国不但欺骗奶奶，欺负同学，而且言行不一致，明明答应了老师的事情就是做不到。他之所以会有这样的行为，主要原因是父母长期不在身边，与他交流太少，而奶奶又对他过于疼爱，凡事都顺着他，家人都忽略了在正直这一品德上对他的教育。

孩子不够正直的另一个原因是父母的错误引导。有的父母看到社会上一些正直的人遭到了不公平的待遇，而有些习惯于阿谀奉承的人却能得到很多好处，甚至可以升官发财。受此影响，有些父母生怕自己的孩子日后也会因为正直而吃亏，在父母这样一种意识的影响下，孩子也就变得圆滑虚假起来。

还有的父母的确教育孩子要诚实勇敢，乐于助人，待人真诚等，但他们自己却做不到这些。比如，有的父母生怕吃一点亏，为贪小便宜弄虚作假，或者因为一些小事与别人斤斤计较。俗话说，“己不正，何以正人？”父母不正直，怎么可能仅靠言传，而无身教就教育出一个正直的孩子？

艳艳家在甘肃省的一个小镇上，她的爸爸在深圳打工，一年只能回家一次。艳艳的妈妈一年中只有半年时间能够陪在她的身边，其余的时间也要外出打工。即便如此，他们家的生活依然很拮据。妈妈在艳艳身边的时候总会教育她要诚实、正直。但是有一次,妈妈带艳艳坐公交车去看望一个生病的亲戚,车上人很多，售票员因为忙碌没有注意到她们上车。当售票员问还有哪位乘客没有买票时，艳艳的妈妈选择了沉默，就这样，她们少买了两张车票。

艳艳妈妈的做法会直接影响到艳艳以后的行为，使她也学会贪小便宜。缺乏正直教育的孩子在成长过程中还会受到很多危害。卢梭有这样一句名言，“喜欢炫耀与爱好正直，这两者是很难结合在一个灵魂之内的”。的确，一个缺少了正直品德的孩子就喜欢炫耀，甚至变得虚伪势利。这样的人有可能会获得一些眼前的微小利益，却结交不到真正的朋友，因为他无法获取别人的信任，时间久了，人们了解了他的本性之后就会远离他，最终这样的人只能走向失败。

在战国时期，齐国有一个不学无术的人名字叫南郭先生，他没有什么本事，只会吹牛和阿谀奉承。有一天，他听说齐宣王非常喜欢听竽乐合奏，就想办法托人告诉齐宣王他是吹竽的高手，并顺利成为宫廷乐师。乐师们合奏的时候，南郭先生就坐在里面，装作吹得非常卖力的样子，其实他的竽根本就没有出声。就这样，南郭先生待在皇宫里每天混吃混喝。

好景不长，齐宣王驾崩之后，他的儿子齐湣王继承了王位。新国王也喜欢听音乐，但他更喜欢听乐师独奏，南郭先生只好灰溜溜地出了皇宫。

滥竽充数的故事告诉我们，喜欢弄虚作假的人是不会取得成功的。可见，做一个诚实正直的人是非常重要的，正直的人会始终凭着自己的良心做事，坦荡无私，这样他们的眼前利益有可能会受到些损害，但只要他们一直坚持自己的信念，就能够受到别人的认可和欢迎。正直的品德不仅是天生的，而是从小培养出来的。因此，父母要教育孩子从小树立正确的价值观，做正直的人。对于父母不在身边的留守儿童，父母要委托爷爷奶奶等监护人重视孩子正直品德的培养。以下建议可供父母们参考。

第一，父母可以让孩子向正直的人学习。首先，在孩子能够接触到的世界，一定会有一些舍己为人、见义勇为的人，父母要让孩子了解这些人的事迹，并教育孩子向这样的人学习。 其次，父母可以引导孩子阅读一些关于正直人物的书籍，或看一些类似的影片，比如《包青天》、《岳飞传》等，让孩子崇拜一身正气、刚正不阿的人物，并将其作为自己的偶像，不知不觉中，孩子就会成为敢作敢当的人。

军军今年13岁，他的父母双双在外务工，虽然他们不能经常和军军聊天，但他们非常注重对孩子正直品德的培养。军军13岁生日那天，父母不能赶回来和他一起庆祝，就给他寄回了一本《钢铁是怎样炼成的》，把这本书作为送给他的生日礼物。军军特别喜欢里面的主人公保尔·柯察金，他对生命的热爱和他身残志坚的形象深深感染着军军，看完书后，军军对父母说他也想成为像保尔一样坚强正直的人。

第二，父母要用正确的态度引导孩子，教育孩子做对的事情，比如，待人诚实、不贪小利、乐于助人等，还要让孩子学会敢作敢当，正确的事情要坚持，错误的事情不盲从。同时，父母也要注意自己的言行举止，坚持自己的原则，给孩子起好正直的表率作用。比如，父母不能在孩子面前说他人的坏话，答应孩子的事情要做到，如果做不到也不能欺骗孩子，要真诚地向孩子道歉等。总之，父母要让自己的一言一行都成为孩子模仿的榜样。

不以规矩，不成方圆

我国古代的教育家孟子说过，“不以规矩，不成方圆”，可见规矩的重要性。规矩在学校中的表现形式就是各种校规校纪。遵守纪律是每个学生都应当做到的。但在留守儿童当中，有些孩子经常做不到这一点。

刘强在贵州省的一个乡镇小学上五年级，他的父母都在重庆打工，他们已经三年多没有回过家了。刘强一直和爷爷生活在一起，他的爷爷一生务农，并不懂得该如何教育和关爱孩子。每当刘强犯错误时，爷爷的解决办法就是打他一巴掌，然后再训斥几句。爷爷简单粗暴的教育方式使得刘强在学校也经常和同学打架。

有一次，课间休息时间到了，刘强在走出教室门口时被另一位同学不小心撞了一下，他一边说着脏话，一边将那位同学狠狠地推倒在地。如果不是老师及时制止，刘强还不肯罢休。

事例中的刘强因为家庭教育的缺失，从小就养成了粗暴霸道的坏习惯。有很多留守儿童和刘强一样，父母不在身边，爷爷奶奶等其他监护人又不重视对他们的品德教育，使得这些孩子有许多的不良习性，不能够遵守学校的校规校纪。他们有的缺少时间观念，经常迟到旷课，有的不遵守课堂纪律，还有的孩子简直就是班上的“小霸王”，集体活动从来都不排队，还经常欺负其他同学。

导致孩子不遵守纪律的另一个原因是对学习不感兴趣。这些孩子大多意志力薄弱，不能很好地控制自己。遇到喜欢的学科，他们可能就会认真听讲。当他们对老师讲授的内容不感兴趣时，就会不由自主地违反课堂纪律，有的孩子看起来是在阅读课本，实际上却在看小说。还有的孩子干脆和旁边的同学交头接耳或传递小纸条。

导致孩子不遵守纪律还有一个原因就是交友不慎，他们会在一些不良诱惑的影响下，做出违反纪律的事情。违反纪律对孩子的危害有很多。首先，不遵守课堂纪律不仅会直接影响孩子的学习，还会破坏整个班级的学习气氛，有的学生上课喜欢交头接耳，或者做一些小动作，导致课堂秩序很乱，这样就会干扰到其他的同学，使大家都不能够专心听讲。

其次，不遵守学校纪律的孩子长大以后也会缺少规则意识，从而容易触犯法律。“冰冻三尺，非一日之寒”，一个人走上犯罪道路不是一朝一夕造成的。一个人如果从小养成了一些不良习惯，以后就很难改正。同样，一个孩子从小就不能遵守纪律，长大以后也会漠视法律，很容易误入歧途。

俄国著名的军事家苏沃洛夫说过，“纪律是胜利之母”。的确，纪律不仅是学习的前提，更是一个人成才的保障。

我们敬爱的周恩来总理，小时候上课从不随便说话，认真遵守学校的各项纪律。就在他成为共和国的总理之后，尽管每天日理万机，但他从不为自己搞特殊，依然严格遵守各种制度。一次，周总理在北戴河，需要看世界地图和几本书，但按照北戴河文化馆的规矩，这里的图书都不能外借，想要看书就只能到文化馆内去看。周总理得知后，便冒雨亲自到文化馆去看书。文化馆的工作人员小黄一看到他，说总理可以破例，让工作人员来拿书就可以了。但周总理说：“无论是谁都要遵守制度，我也不能例外。”

纪律的另一个重要性在于，它可以帮助我们养成良好的行为习惯。一个能够遵守纪律的孩子，也能够严格要求自己，做到上课专心听讲，认真完成作业，平时团结同学，不打架斗殴，不迟到、不旷课等。孩子养成了这些好习惯，就能够逐渐从被动地遵守纪律转变为主动自觉遵守纪律的行为。能够遵守纪律的孩子自控能力也会越来越强，明白什么事情能做，什么事情坚决不能做，也能够避免沾染上一些社会不良习气。

孩子遵守纪律的习惯不是生来就有的，需要父母后天的耐心培养。对于父母不在身边的留守儿童，其他监护人也要教育孩子遵守纪律，培养孩子的自律能力。以下有几点专家的建议可供父母们参考。

第一，父母要为孩子制定一些家庭规则，以及教育孩子遵守公共场合的规则，以逐渐增强孩子的自律意识。生活中处处都有纪律，比如在家里，孩子需要遵守按时吃饭、按时上床睡觉、按时起床等规则。在公共场所，孩子要注意爱护公共卫生，不大声叫嚷，遵守交通规则，等等。父母制定了规则之后，就要要求孩子按规则行事，这需要父母或者其他与孩子在一起生活的人监督孩子实施规则内的行为。

在前段时间大热的综艺真人秀《爸爸去哪儿》栏目中，嘉宾田亮平时就很注重对孩子规则意识的培养，他的女儿田雨橙虽然只有5岁，却是一个守纪律的孩子。每次乘飞机时，田雨橙都会非常认真地观看安全视频，并提醒爸爸遵守飞机上的规定，及时关掉手机。这和田亮平时对女儿的教育是分不开的。

第二，父母要引导孩子多结交益友。俗话说，“近朱者赤，近墨者黑”，如果孩子的朋友都是自由散漫、不遵守纪律的人，他自己也会慢慢受到影响。因此父母要教育孩子谨慎交友，并将交友不慎的危害告诉孩子，引导孩子多和热爱学习、品行端正的同学接触。

第七章 积极培养留守孩子的学习能力

我国唐代著名的文学家、思想家韩愈的诗文中有一句名句，“业精于勤而荒于嬉,行成于思而毁于随”。留守儿童因为缺少父母监管，自身又年龄较小，很容易缺乏自觉性而影响学习。因此，家长在关注孩子学习成绩的同时，更应该培养孩子的学习主动性，鼓励孩子学习讲方法，并持之以恒。只有这样，学习才不会成为留守孩子成长中的“难关”。

两个方法提高留守孩子的学习自觉性

我国唐代著名的文学家、思想家韩愈的诗文中有一句名句，“业精于勤而荒于嬉,行成于思而毁于随”。就是说一个人如果没有学习的自觉性，那么他的学习和事业终会在嬉笑玩耍中荒废。留守儿童因为缺少父母监管，自身又年龄较小，很容易缺乏自觉性而影响了学习。

13岁的雯雯学习成绩一直很不好，总是爱旷课，去网吧，一次还因为参与打架事件被老师严厉批评了。

后来，班主任去雯雯家了解情况，发现雯雯的父母长年在外打工，她和奶奶生活在一起。奶奶的年龄大了也不怎么管教她，再加上雯雯的学习没有自觉性，于是她每天放学都和社会上的一些不良少年混在一起，导致她的学习成绩越来越差。之后，老师把这件事反映给了在外地打工的雯雯父母，而雯雯的父母认为孩子的学习有学校管就可以了，自己出去赚钱不容易，没有时间和精力放在孩子身上，也就没有理会。

后来考高中的时候，雯雯考的特别差，而她自己对学习完全没什么兴趣，干脆就辍学出去打工了。

雯雯的经历不是个例，这样的事例有很多。许多家长外出打工，由老人监管孩子，而许多老人认为“只要吃好喝好，学校管就够了”，无法对孩子提供较多的学习方面的帮助。而父母与孩子缺乏沟通，聚少离多，更加导致了孩子没有约束，懒惰贪玩，自由散漫，完全没有学习的自觉性。这种状况持续时间长了，很容易导致孩子因学习太差留级、厌学或是像雯雯一样最终辍学。

积极找寻对策，帮助这些孩子提高学习自觉性不只是学校和社会的责任，更是每个家长不可推卸的职责。家长不要因为外出务工而忽视对孩子的教育，要经常和孩子进行交流，了解孩子的情况，让孩子感觉到父母很爱他们，也很重视他们的学业，希望父母不在身边的时候他们能够自觉学习。以下有几个方法供家长参考。

首先，要有针对性地培养孩子的学习兴趣

孩子兴趣的产生往往是在童年时期，这时候家长就应该积极引导孩子不断发展自己的学习兴趣。但是不同的天赋以及不同的成长环境导致孩子的兴趣各不相同。父母要经常和孩子进行沟通，了解孩子的兴趣爱好，从而让孩子把原有的其他兴趣转移到学习上。父母可以和孩子聊一些孩子感兴趣的事情，支持孩子的爱好，鼓励孩子做得更好。还可以从另一方面提高孩子的学习兴趣，比如带孩子去博物馆、科技馆等地，让孩子对其中的知识产生好奇心，用这些好奇心来激发孩子的学习兴趣。孔子说过，“知之者不如好之者，好之者不如乐之者”，孩子一旦有了学习兴趣，自然就会乐于学习，成绩自然就会有进步了。

小刚是个十分聪明的男孩，学习成绩却不尽如人意，尤其是英语，每次英语课他不是在睡觉就是在看漫画书。由于英语成绩过差，他的总分排名也受到了很大的影响。英语老师找他谈过很多次，还是没什么效果。于是老师联系小刚在北京打工的父母，希望他们能帮助小刚提高英语成绩。

不久之后的暑假，父母把小刚接到北京。爸爸一有空就带小刚去公园玩，公园有许多外国人，爸爸鼓励小刚和他们说话，小刚开始不好意思说，可后来就越说越有兴趣了，许多外国人也都觉得小刚很可爱，小刚还交到了外国的小朋友。回家后，小刚开始努力练习英语。

开学以后，小刚的英语水平有了很大提高，老师说他现在学习英语特别来劲，上英语课也变得很认真。

爱因斯坦说："兴趣是最好的老师"，小刚的爸爸通过和外国人交朋友、聊天的方式激发了孩子学习英语的兴趣，提高了孩子的学习热情，由此也能看出兴趣是可以后天养成的，家长有针对性地培养孩子的兴趣，下工夫就会收到很好的效果。

其次，以鼓励为主，促进孩子的学习自觉性。

大鹏是一个很让老师头疼的孩子，学习成绩一直不好，还因为父母不在身边常常和一些狐朋狗友混在一起。其实大鹏的学习不好并不是因为他智商低，而是因为没有父母的监管，他内心缺乏学习目标，对于学习已经失去兴趣了。

后来，大鹏的妈妈向老师了解孩子的学习情况，老师不屑地告诉她："按你儿子现在的成绩，什么高中也考不上。"大鹏的妈妈怀着低落的心情走出校门，此时发现儿子在等她。

然而，她告诉儿子，"班主任说，你是班上数一数二的聪明孩子，只要你努力，很有希望考上重点高中。妈妈听了特别开心，爸爸妈妈在外打工吃苦就是希望你能有一个好的生活学习环境，以后考上大学不去过我们这样的生活，我的儿子这么聪明一定比别人都强，不让妈妈失望。”

大鹏听了妈妈的话，非常高兴，感觉自己原来可以把学习搞好，此后，大鹏变得用功多了，勤奋的学习让他感觉到：“自己原来也能学会，我真的是一个聪明的孩子。”

一年后，大鹏果然考上了重点高中。

试想如果大鹏的妈妈听到儿子考不上高中，不仅不鼓励儿子还向他大发雷霆，大鹏还会有信心学习吗？是妈妈的一句话重塑了大鹏对学习的信心。有些家长长年在外，回到家以后发现孩子学习成绩差，不问青红皂白就给孩子一顿训，这样不仅无法提高孩子的学习成绩还可能起到反作用，比如，使孩子失望的同时又产生对考试恐惧心理，逃避学习，给孩子的心理留下了阴影。古希腊哲学家阿基米德说：“给我一个支点，我将撬起整个地球！”给孩子一个改正错误的机会，或许就会改变孩子的一生！家长要学会鼓励孩子，提高孩子的自信心。当孩子遇到困难时家长更要多关心孩子，支持孩子，鼓励孩子坚持不懈，不轻易服输。

教育孩子正确对待失败，告诉孩子失败是成功之母，要善于从失败中总结经验和教训，让孩子体会到，无论成功还是失败，只要他尽力，就是最棒的，父母会永远爱他支持他。父母还可以谈自己过去学习成功或失败的经验教训，给孩子树立必要的信心。鼓励孩子提出切合实际的目标，一步一步努力，争取爱上学习，并取得好的学习成绩。

孩子学习的自觉性不是瞬间养成的，它需要父母正确的引导和帮助。父母即使外出务工也应该把教育孩子的责任承担起来。一位学者曾把孩子学习的积极自觉性比作父母撒在孩子心田里的一个小小的火种。“当父母将这个火种在孩子心中点燃的时候，就像面对需要点燃的一堆柴草，风大了就会吹灭，风小了燃不起来，柴草太紧了不透风，太松了又聚不起火，柴草潮湿了还不行，这时候，父母需要小心地呵护这个小小的火苗，要‘哄’着它一点点燃起来，旺起来，最后成为熊熊烈火。”

找到窍门，孩子才不会在学习中迷失

法国著名的物理学家朗之万说过这样一句话，“方法的得当与否往往会主宰整个读书过程，它能将你托到成功的彼岸，也能将你拉入失败的深谷。”由此可见学习方法在整个读书过程中占有十分重要的地位。联合国教科文组织也指出：“未来的文盲不是不识字的人，而是不会学习的人。”但是在学习的过程中也不可能用一种方法来解决所有的问题，每门功课的学习都需要找到适合这个学科的方法，否则很容易事倍功半。

小飞是一个很内向的孩子，在学校也不爱说话，但她学习特别用功，下课也总是在自己的座位上写作业。每天早上小飞都第一个来学校，晚上也是最后一个走。虽然小飞学习很努力，她的学习成绩却一直没有进步。

班主任是每天看在眼里，急在心里。后来班主任到她家了解到，小飞的家庭条件不太好，她的妈妈在她很小的时候就离开了她，她的爸爸也出去打工了，她一直和生病的奶奶住在一起。每天回家小飞要干很多的家务，因为缺少父母的关爱，小小年纪要承担的也多，小飞就变得越来越自闭，不愿意和其他的同学玩。所以在学习方面也不喜欢和别人讨论，总是自己思考，有问题也不去问。看到小飞瘦弱的身板，班主任的心酸酸的，希望自己能为小飞做些什么。

第二天班主任联系到了小飞的爸爸，希望他能开导孩子多与别人交流。爸爸也意识到因为自己不在身边引导，小飞出现了许多问题，过了几天就请假回家了。在爸爸一段时间的细心的教育和鼓励下，小飞变得开朗了许多。班主任还发现小飞最近总是去老师办公室问问题，实验课的时候经常和别人探讨，还常常和同学交流数学题，身边的朋友也多了。

中考的时候小飞以全班第二名的好成绩考上了县里最好的中学，还拿到了学校的奖学金。看到这个努力的孩子终于考进了重点学校，班主任的脸上露出了甜甜的笑容。

有很多像小飞一样的孩子，他们的学习虽然刻苦努力，却收不到显著的成效，这种无效的学习也是学习中的“老大难”问题。许多家长外出务工把孩子留在家里，孩子因为缺乏父母的关爱而变得自闭孤僻，他们深知学习的重要性，却始终找不到合适的方法，只是一味地“死学”。那么，如何避免无效学习，让留守儿童找到正确的学习方法来提高学习成绩呢？以下方法可供家长们参考。

首先，学习不能蛮干，要有具体方法。

开始小飞没有找到好的学习方法，导致成绩无法提高。其实，学习不能太盲目，要有计划、有针对性。很欣慰小飞最终找到了适合自己的有效方法，考上了重点学校。一旦学习找到方法了，面临的问题也就容易多了。爱因斯坦告诉我们，“在所阅读的书本中找出可以把自己引到深处的东西，把其他一切统统抛掉，就是抛掉使头脑负担过重和会把自己诱离要点的一切。”

来自哈尔滨市某小学的男孩董志成，只用了一年半的时间就把小学六年的课程全部自学完成，他8岁发明水满自控水龙头，13岁的时候就踏进了哈工大的校门。当同学们问他学习经验时，他回答：“其实也没有什么诀窍，我就是喜欢在学习的时候举一反三。每次学到新东西，我都要深入地思考一下，联想到其他方面的知识。知识这东西一定要主动去接受，如果被动地学习，那肯定是学不好的，我就是把学习当成一件很快乐的事情来做的。”

志成4岁那年，他的妈妈便离开了清贫的家，留下他和身有残疾的爸爸一起生活，但他人小志气大、在艰苦的生活条件下终于圆了自己的大学梦。志成的成功不是偶然，这和他的学习方法有着密切的关系。要知道正确的学习方法是提高学习成绩的金钥匙，是成功的必要因素。

其次，可以向别人借鉴学习方法，切忌照搬。

学习一定要有自己的主见，别人的学习方法是可以借鉴的，但不能照搬照套，要取其精华，弃其糟粕，总结出一套适合自己的方法，以提高学习成绩。

《庄子·秋水》中邯郸学步的故事讲的就是这个道理，燕国寿陵的一位少年觉得邯郸人走路美，便去邯郸学走路。可是他不仅没学成，连自己走路的姿势也忘了，最后只能爬着回去了。机械地模仿别人，不但学不到别人的长处，反而把自己的优点和本领也丢掉了。放在学习上看，许多孩子习惯机械地去记忆，不重视对知识的理解，花很长时间去学习实际上做的却是无用功，这样的方式是不可取的，只有找到正确的学习方法才能做到事半功倍，要知道内化于心才是至关重要的。

出生于1995年的王雪晗是安徽首届“十佳留守儿童”之一，她曾是宿州市某小学五(1)班的班长，连续四年被评为“三好学生”，在各种征文比赛、演讲比赛中多次获奖。

雪晗七岁的时候，父母就去上海打工了。之后，爷爷不幸被烧伤，奶奶也因摔倒导致右手骨折，年幼的雪晗成了家里的顶梁柱。在接踵而至的不幸面前，她勇敢地挑起照顾爷爷、奶奶以及年幼弟弟的重担，承担起了家中的主要劳动。在学校，她积极参加学校组织的各种活动，组织同学探讨学习方法，帮助同学补习功课。她还是“留守小队”的队长，组织留守儿童一起学习，帮助留守儿童改正不良习惯，培养自理自律的能力。

“我觉得我学习并不刻苦，我只是注重学习效率，平时也没有时间让我慢慢坐在那里‘刻苦’。老师上课时所教的内容我一般都是当堂消化吸收，很多家庭作业我都是在课堂上‘挤出’时间来完成的，回家就要做家务了。”雪晗这样说。

生活的困难，让雪晗没有太多的时间“刻苦”学习，但她照样取得了骄人的成绩。原因之一就是王雪晗找到了正确的学习方法，正因为没有太多的时间，她才更在意自己的学习效率，用适合自己的方法去学习。

最后，虽然学习要讲方法，但是勤奋才是最重要的。

不是说有好的学习方法就一定会取得好的学习效果，好的学习方法是成功的必要因素，好的方法需要结合自身的努力才能获得好的成效。爱迪生说过，“天才就是百分之九十九的汗水加百分之一的灵感”，一个人要想取得成功，他所能把握的，就是他的勤奋！成功没有捷径，唯有勤奋而已。“一分耕耘，一分收获”，想品尝到胜利的果实却不愿意去付出劳动，这样的幻想是不现实的，努力地奋斗才是通往成功的捷径。

梦梦今年13岁，是个品学兼优的孩子。她的父母在她7岁的时候就都去上海打工了，留下她和年老的奶奶一起生活，奶奶的身体一直不好，所以家里的家务几乎全靠梦梦操持。繁重的家务并没有影响梦梦的学习成绩，连续几年她都是学校的“三好学生”。每天放学回家干完家务，梦梦就开始学习了。别的小孩上网、看电视的时候她都在家里刻苦钻研，连老师都说梦梦是他所见过的最勤奋的孩子。小学毕业考试时，梦梦以全校第一的成绩考上了全市最好的中学，学校还免了她的学费。别的同学问她成功秘诀的时候，她笑着说：“我相信成功只垂青于孜孜不倦的勤勉者，勤奋就是我的秘诀。”

常言道，“天道酬勤”，就是说“天意厚报那些勤奋的人”，郭沫若也曾说过，“形成天才的决定因素应该是勤奋”，不努力就想获得成功是不现实的，只有通过不懈的努力，才会收获一个美好的明天。

学习是一个漫长的过程，一个没有良好学习方法却每天喊着“努力学习”的人就如同在茫茫沙漠寻找金子的寻宝者，很容易在漫无目的的旅行中迷失方向。

父母应教孩子正确看待考试失利

爱迪生曾经说过，“失败也是我需要的，它和成功对我一样有价值。”然而，有许多的孩子因为考试失利而自暴自弃，甚至有人因为一次考试失利就产生轻生的念头。可见正确面对考试是多么重要。

2012年9月16日上午9点多，在某医院急诊病房，一名13岁的女孩躺在病床上痛苦地翻滚着。这个女孩名叫展展，在山东某中学读书，9月份刚升入八年级。因为摸底考试成绩失利，展展就趁父母不在家时反锁家门，从厢房里取出了一瓶农药。展展喝下了50毫升农药后呕吐不止，便打电话给父亲李先生求救，在工厂上班的李先生急忙赶回家，翻过墙头跳进院子救出了女儿。经过当地医院紧急抢救后，17日，展展被转到市级医院接受进一步救治。

“数学、语文考得不好，老师要家长在试卷上签字，担心父亲责怪，我就喝了农药。”展展痛苦地说，知道药的毒性很大，她认为自己的病情越严重父亲越不忍心责怪她。听完记者与展展简短的对话后，父亲才知道女儿喝药是担心成绩不好被责怪，蹲在病房外号啕大哭。“我脾气虽急，但从没动过展展一个手指。”李先生痛苦地说，“自己不曾因为学习的事骂过展展，即使她偶尔成绩下滑，也只是说两句，女儿的话让他这个做父亲的很受伤，总是把最好的都留给女儿，不知道应该如何疼爱这个女儿。”

市医院急诊病房的医师介绍，患者身上的毒素已经蔓延到肝和肾，能否保命仍需继续观察。

看到这个报道，一位读者难过地说，他经历了和展展父母同样的遭遇，不幸的是孩子再也救不回来了。据这位读者讲，儿子亮亮生前在重点班，但英语成绩比较差，老师就和他谈了一下。当天，孩子没回家，最后得知孩子和同学上网去了。在西安打工的孩子父亲知道后，打电话狠狠地批评了孩子，结果孩子就服毒自杀了。现在他每天都在后悔自责中痛苦地度过。

这种事情的发生很让人遗憾，如何避免这种悲剧重演，是我们每个人都应该思考的。孩子的内心都是脆弱的，他们需要父母的关心和呵护，而留守儿童缺少父母的陪伴，更容易发生让人惋惜的悲剧。那么，当孩子考试失败的时候，家长该如何控制情绪、帮助孩子以积极的心态去面对呢？以下方法可供家长参考。

首先，孩子成绩失利时不发火，引导孩子冷静面对现实。

作为家长，在孩子考试失利的时候，要多从孩子的角度思考问题，不能把所有的错误都怪罪在孩子身上，因为孩子也希望自己能考出好成绩。同时，家长也应该反思一下自己的教育是否存在不足之处，多去考虑如何做才能让孩子以积极向上的心态迎接下一次考试，而不是一味地埋怨孩子不努力辜负了自己的期望。

小浩是个内向的男孩，今年的7月份，他的父母都去外地打工了，便让他和奶奶一起生活。小浩平常在班里比较安静，因为成绩普通，老师也不怎么注意他。但这次考试，全班42人，小浩考了37名，而且英语成绩是全班倒数第一。之后，小浩的成绩不仅没进步，反而变得越来越糟糕了。老师看到小浩这样的成绩，觉得孩子成绩下降一定是有什么原因，就把情况反映给了小浩的爸爸。父母听到这件事很生气，他们觉得自己在外面打工受罪就是希望孩子能有一个好的学习条件，小浩却不努力学习考成这样，太让他们失望了。于是，父亲回家后狠狠地批评了小浩一顿，小浩委屈地哭了，觉得父母不理解自己，便离家出走了。

实际上，考试失利，孩子们的心里也很难过，因为付出努力的是孩子自己。所以，家长一定要冷静地面对现实，既然考试失利已成事实，再多的埋怨和责备也于事无补，不如去理解、宽容孩子，与孩子多交流找出考试失利的原因，帮助孩子走出困境。

然后，和孩子真诚地沟通交流，分析失败原因。

卡耐基说过，“尽量去了解别人而不要用责骂的方式；尽量设身处地去想他们为什么要这样做.这比起批评责怪要有益、有趣得多,而且让人心生同情、忍耐和仁慈。”苏联作家温·卡维林也曾说过，“推心置腹的谈话就是心灵的展示。”要想孩子不因失败放弃，努力取得好成绩，就要和孩子进行沟通，了解孩子在想什么，搞明白孩子考试失败或成绩不好的根源是什么，而不是一味抱怨。

苏院是重庆某中学初三的学生，他曾经是一名问题少年。当时苏院的父母都在福建打工，两年没有回家。因为无人监护，他学习成绩严重下滑，每天逃课上网打游戏，要不就打架，并打算辍学外出打工。由于没有路费，他竟拦路抢劫，结果被当场抓获。苏院在看守所待了4个月后，被主动申请当他的代理家长的谈老师重新带回了学校。谈老师说，苏院初二上学期期末考试只得了350分，是班上第33名，初二下学期期末就考了500分，前进到了第13名。

“谈老师对我太好了，他就是我的爸爸，没有他我不知道现在会是什么样。我现在只想好好读书考大学，将来做一名建筑工程师报答他的恩情。” 苏院动情地说，“我相信他，什么事都愿意跟他说。”

“欲渡黄河冰塞川，将登太行雪满山。”人生哪能没有挫折？失败了就要勇敢站起来，何况只是一次考试，毕竟决定孩子一生的原因是来自多方面的。家长在这个时候要不断鼓励孩子，提高孩子的自信心，让他们相信自己有能力把学习搞好，只要努力，一定会取得更好的成绩。

妮妮父母出去打工后，留下她和奶奶一起生活，父母离开后，每次考试没考好，她都会觉得老师和同学用异样的眼光看她。加上妮妮本来就是一个很敏感的小姑娘，她常常感觉到忧郁、没有自信。几次考试失败后，她对学习失去了信心，甚至厌学。妈妈得知妮妮的想法后鼓励她要有自信，成绩只是一方面，还告诉她，其实在父母眼里她一直是最出色的，父母因为有这样的女儿而骄傲自豪，只要努力一点她会进步的。

在妈妈的鼓励下，妮妮终于找到了自信，不去在意别人的看法了，期末考试的时候她取得了全班第三名的好成绩。

胜败乃兵家常事！在漫长的学习生涯中，考试失利是很正常的事情，让孩子正确对待考试，是广大父母们成为合格家长的必修课。

让好习惯成为孩子学习进步的动力

著名青少年教育家孙云晓说过，“好习惯对儿童来说是命运的主宰，是成功的轨道，是终身的财富，是人生的格调”，由此可见，养成良好的学习习惯对孩子一生的发展有着重要的意义。实际上，学习习惯一旦养成，就会成为支配孩子积极学习的力量，甚至不用家长监督，孩子就会自觉学习。

小涛是个十分调皮的孩子，父母外出务工后，他就变得更加贪玩了。每次放学回家不是看电视就是和其他小伙伴出去玩，奶奶督促他学习，他坐着看书眼睛却盯着外面走神。每天晚上他还要看动画片，有时候很晚都不睡觉，第二天不想起床，还让奶奶告诉老师自己生病去不了学校，奶奶对此也感到很生气，也很无奈。面对孩子越来越差的成绩，小涛的父母和老师都很担心，可他们又不知道怎样去做。

拿破仑说过，“播下一个行动，你将收获一种习惯；播下一种习惯，你将收获一种性格；播下一种性格，你将收获一种命运。”习惯能左右学习的成败，习惯也可以改变人的一生。相反，如果没有养成良好的学习习惯，孩子很容易像小涛一样学习成绩严重滑坡。那么，如何帮助孩子养成良好的学习习惯呢？以下方法供家长们参考。

首先，帮孩子制订合理的学习计划。

周峰，7岁开始读小学一年级,13岁考取了中国科技大学少年班，20岁赴美国攻读博士。而他小学只读了2年,初中读了2年,高中读了2年。谈及他的学习，他认为自己成功的秘诀就是从小养成了良好的学习习惯。

周峰给自己制订了一套学习计划，坚持每天认识10个汉字，记忆10个英语单词，即使是走亲访友也从不间断。每天，他都会准时打开收音机听英语广播。很快便养成了良好的学习习惯，一年下来，他记住了3000多个汉字和3000多个英语单词。良好的学习习惯练就了周峰很强的学习自觉性，他从不需要别人提醒或者强制他学习。

有人说周峰是天才，但事实上，学习的成功在很大程度上源于后天的努力，而孩子努力与否与其学习习惯有着重要的关系。周峰给自己制订了一个严格的学习计划，之后养成了良好的习惯，坚持一步一步，按部就班地实施计划，并走向了成功。所以说，在学习习惯的形成过程中，制订合理的学习计划是十分重要的。

现如今，在留守儿童自制力不强的情况下，家长应该从控制孩子的学习时间和活动空间入手，帮助孩子制订一个良好的学习计划。时间上，家长可以在孩子回家的时候帮孩子安排有意义的学习内容。空间上，家长要严格要求孩子，不准孩子去网吧、歌厅等地，有时间可以带孩子去图书馆等地方。制订了合理的学习计划，加上家长的监督，相信孩子会在不知不觉中养成良好的学习习惯。

然后，要让孩子学会劳逸结合，提高学习效率。

明明是个十分听话的孩子，爸爸妈妈外出打工后，他就和奶奶生活在一起。奶奶的年纪大了，教育孩子也是有心无力，但是明明从来都不用奶奶督促，学习很积极。明明心里清楚，父母出去打工赚钱很艰辛，自己一定要刻苦学习，将来回报他们。刻苦归刻苦，他的成绩却一直都不理想。后来，老师发现明明虽然很努力，下课也在学习，学习效率却很低，他总是在一道意义不大的题目上浪费很多时间。因为效率低，明明还总爱熬夜写作业，导致他白天犯困，无法集中注意力听老师讲课。这样的学习习惯恶性循环，导致明明的学习成绩总是和他的付出不成正比。

明明虽然努力，可他低效率、熬夜的学习习惯导致他的学习成绩很不理想，这样事情的发生也是家长们最不希望看到的。孩子确实努力了，为什么结果却不尽如人意？其实，这种情况的发生和孩子的学习习惯有着直接的联系。试想，如果孩子像明明那样学习效率低，休息又不好，哪来的精力去吸收新东西呢？要知道人的耐力是有限的，过度学习很容易对身体产生负面的影响。所以，家长应该帮助孩子养成良好的学习习惯，按照学习规划按部就班地学习，到了时间就休息，这道题不会就做下一道，全部做完再去看不懂的题目。

最后，学习需要不断地温习、总结。

狄慈根说过，“重复是学习之母”。学习就是一个不断重复的过程，我们所说的重复，指的就是不断地去温习学过的知识。孔子也曾说：“学而时习之，不亦乐乎？”其次，学习还需经常总结，许多孩子习惯跟着老师的教学思维走，但这样很容易混乱章节与整个学科的联系，经常进行总结才能让正在学习的知识更加有头绪，更容易吸收。

周丽对待学习一向很认真，因为父母一直在上海打工，家境不好的缘故，她总是比别的孩子要强些。但是学习的东西多了，她总是感到知识杂乱无章，学习无从下手。后来，在上海打工的妈妈建议她制订计划，每周六日进行学习总结，并去温习学过的知识。听了妈妈的建议，周丽慢慢养成了温习总结的学习习惯，成绩提高了许多。高考时，周丽考上了同济大学，见到了日思夜想的爸爸妈妈。

拥有良好的学习习惯的孩子就像步入正轨的火车，一旦进入铁轨，就会沿着轨道顺畅地、不停歇地前进，而家长就像是火车的司机，指导着孩子在这种惯性中前进得更平稳更有动力。所以，从某种意义上讲，良好的学习习惯更像是一种能量，让养成好的学习习惯的孩子距离成功更近些，更有优势一些。

妙招帮助留守孩子提高学习注意力

在留守孩子当中，有不少孩子存在注意力不集中的问题，他们在学校不好好听课，在家注意力不集中，总是不能很好地完成作业，为此不仅老师苦恼，连远在外地的父母也担忧。因此，有的父母在听到监护人或老师说孩子做作业慢，磨时间时，就会很生气，甚至为此批评孩子。

周日，留守孩子佳佳在家正写作业。

爷爷过来了，问："你奶奶去哪儿了？"

"不知道。"佳佳回了一声，接着做题了。

“写了这么久都没有喝水，快去喝点水吧！”爷爷心疼地说。

佳佳怕辜负了爷爷的一片爱心，本不渴但仍倒了一杯水。

晚上，在外地的爸爸来电话了，当得知佳佳的作业还没有写完，就在电话里批评说：“你又偷懒了是不是，怎么还没写完呢？”

“没有啊，我在认真写呢！”佳佳很是委屈。

“就像你刚才说的，一会儿喝水，一会儿上个洗手间，哪能集中精神？让你奶奶陪你写！”

佳佳心里可不高兴了：“就知道冤枉我，批评我，我怎么没好好写了！”

这样一坐就是一个半小时，她几次想休息一下，但被奶奶挡回来了，劝佳佳多用功。佳佳心里恼着爸爸，注意力更加集中不了了。就这样，佳佳把作业做完的时候，脑袋昏沉沉的，已经累得不行了。

为了监督佳佳写作业，奶奶一守就是一个多小时。可是这样陪读的结果是什么呢？佳佳获得的不是写完作业的如释重负，而是极大的痛苦。如果爸爸能够理解女儿，少一点批评，多一点宽容和耐心，多了解孩子的内心所想，相信写作业对于佳佳来说，是不至于如此痛苦的。

如果一个孩子的注意力有问题，那么他听课时注意力就容易转移到别处，看书时，他也无法安静下来把一篇文章看完，即使坐着总会不停地动来动去，学习效果肯定不佳。读书学习是一项艰苦而漫长的活动，只有集中注意力，全身心地投入学习，才能达到较高的学习效率。比如，别人能每天坚持学习五个小时，而你能每天坚持学习八个小时，别人不能专心去做的事情你能专心认真地去做，你成功的机会就会比别人大得多。尤其是留守孩子，只有善于克制自己，把精力投入到学习中去，才会比别人多一些成功的希望。为了帮助孩子有效提高学习效率，父母应多注重与孩子及孩子身边的监护人沟通。

首先，父母应采取电话、电子邮件、短信等多种方式提醒孩子，让孩子认识到专心的重要性。同时，父母还要与孩子的爷爷奶奶等监护人沟通好，在平时就注意培养孩子的自制力，有助于孩子克服分心现象。在生活中，爷爷奶奶可以要求孩子在一段时间内专注于一件事，不要一会儿做这，一会儿做那。要求孩子看书、写作业时要保持正确姿势，不乱动、不乱摸。当孩子在习惯了的时间和地点坐下来时，精神就能条件反射似的集中起来进行高效学习了。

其次，环境对孩子的注意力有明显的影响，如果孩子正在专注于某件事，突然被其他声音打扰，极易分散注意力。所以，父母要让爷爷奶奶等监护人为孩子营造安静、舒适的学习环境。如果家庭成员之间经常拌嘴、吵架，孩子的注意力就会更加不集中，因而创造温馨、和谐的家庭气氛对孩子很重要。如果有条件的话，住房尽量远离喧闹、空气污染的地方，尽量保持孩子学习环境的安静、简洁，屋内不要有过多的张贴画和装饰，以减少学习环境中的不良因素给孩子带来干扰刺激。

有研究发现，12岁以上的孩子聚精会神地注意某一事物的时间大概是30分钟左右。家长们要掌握孩子的这个注意力特点，科学合理地安排学习时间，让孩子在学习中劳逸结合、张弛有度，这样才不会打压孩子学习的积极性。如果大脑没有得到很好的休息，孩子是无法安静下来继续学习的。所以，有些家长不允许孩子中途休息，长时间地让孩子做作业，甚至坐在孩子的旁边监督，还唠叨不停，就容易使孩子产生抵触情绪，从而导致孩子注意力不能集中。如果孩子的作业过多，超过了孩子注意力稳定的时间，家长应给孩子安排合理的时间，让孩子逐步完成，在张弛有度的节奏中完成学习任务，有利于孩子集中注意力，提高其学习效率。

玩是孩子的天性，也是孩子最爱的活动，而且孩子在玩游戏时的注意力集中程度和稳定性较强。所以，家长可以给孩子一定的游戏时间，在游戏中培养孩子的注意力。家长可以根据孩子的学习任务有针对性地制订计划，并结合孩子的喜好安排游戏内容和时间，让孩子明确只有认真完成作业才可以去玩耍。这样有了明确的任务，孩子学习时就能保持紧张状态，才有动力。

有这样一个孩子，年少时特别喜欢玩积木，搭积木，一玩就是一天。

他的邻居看见了，很不以为然，觉得这孩子太贪玩了，一次，邻居就跟他的妈妈说："你孩子是不是有问题啊？一个积木有什么好玩的，还能玩一天呢。"

这个孩子的妈妈非常有智慧，她说："我很为他有这份专注而开心呢。我儿子长大以后一定能成大器的。"

这位妈妈非常信任自己的孩子，还时常通过玩积木给孩子讲道理，让孩子在潜移默化中懂得了专注的重要性，并将这份专注用于学习上。

这位儿童的名字叫汤川秀树，后来成了著名的物理学家，获得了物理诺贝尔奖。可见注意力对孩子成长的重要性有多大。

另外，当孩子表现好，注意力能高度集中，或者在学习上取得一定成绩时，父母虽然远在外地，也应及时地给予鼓励和表扬。这时，哪怕是父母特意打来的一个电话，一个表扬的短信，都能极大地激发孩子学习的积极性。当孩子出现学习分心的现象时，父母也不要过分地指责孩子，相对于粗暴的批评，在鼓励中教育孩子往往更奏效。

第八章 给留守的孩子找个好伙伴

许多父母将更多的心思全用在了培养留守孩子的学习能力、领导能力等方面，却忽略了增加孩子的亲和力。可如今，无论是在人际交往还是在各种社会活动中，人们都越来越重视亲和力的作用。所以，作为父母，如果想让自己的孩子建立起更好的人际关系，就应该从小帮助孩子增加亲和力，有品行优秀的朋友陪伴，孩子的少年时代也会很快乐。

让孩子独立选择，助孩子交到品行好的朋友

父母一般都希望孩子交品学兼优的朋友，但事实上孩子并不懂得分辨是非曲直。父母不应该强行让孩子断绝和有不良行为习惯的小朋友交往，而是要引导孩子，让孩子自己分辨哪种友谊值得拥有，哪种友谊不值得保持。

小叶是一名住宿生，每个星期回家都会把自己的这一周的考试成绩拿回家让父母看，但这次考试成绩下降了不少，妈妈问她怎么回事，她答不上来。明明她很用功地听老师讲课和复习功课了，可能是考试的时候太紧张，没发挥好吧。但这种答案妈妈肯定不会接受的，所以小叶什么也不敢说，低着头不敢看妈妈。

这个时候，小叶的好朋友小玲来找她一块出去逛街。小玲听到小叶妈的数落后，便上去劝道："阿姨，小叶的成绩比我好多了。"

小玲这么一说，小叶妈更来气了，连小玲也数落了起来："成绩不好还不在家补课学习，出去逛什么啊，要是我，早蒙被子里偷偷哭，没脸见人了，哪还像你们这样到处乱逛。脸皮真厚！"

小玲气得眼泪都快掉下来了，咬着嘴唇从小叶家跑了出去，小叶生气地问："你们怎么连我朋友也训，她功课好不好，又不关你们的事。"

"怎么不关我们的事，总和这种差学生一起玩，你的成绩才会变差的。"妈妈恨恨地说道："从今天开始，不准再和她一起玩了，多和你

们班学习好的同学接触接触。”

从那以后，妈妈果然开始干涉小叶的社交了，只要是差学生或者是问题学生，妈妈都不允许小叶和他们来往。久而久之，小叶也渐渐习惯了用有色眼镜看人，不仅对自己身边的人开始挑剔，连爸爸妈妈身边的人也开始挑肥拣瘦，嫌弃爸爸妈妈交朋友没品位了。

在生活中有不少父母都会以有色眼镜看待孩子和成绩差的同学的交往，生怕孩子被“带坏”了。父母们这样的观点和做法对孩子的心理和情绪发展有着很严重的负面影响。但是，如果孩子真的和他人有共同的兴趣爱好、性格脾气相近，那么父母也不能过分干涉孩子的交友。因为孩子交朋友的目的大不相同，有时候并不都是为了提高学习成绩而交朋友，他们可能是为了感情表达的需要，有的是为了互相帮助才交朋友的。

不管是因为什么原因，父母都没有权利干涉孩子的交友，除非孩子是和不良分子在一起做坏事，父母应及时制止外，父母不能因为孩子的朋友成绩差、个子矮、身材胖等原因不让孩子与其交朋友。

如果父母想让孩子和品行较好的孩子做朋友，就应该让自己的孩子也有良好的品行，有亲和力，这样的孩子才会人气旺，交到的朋友也会更优秀。

亲和力是一个人具备的无形的力量，它能让周围的人感到亲切，也能帮自己赢得更旺的人气，是一种强大的情感力量。如今，亲和力在整个社会中都起着举足轻重的作用，企业招聘时会选择有亲和力的员工，各种机构、组织每年都会推选亲善大使为其做宣传，许多商业活动中都会评选出最具亲和力奖……而从个人的交往活动来说，人们更愿意与周围那些有亲和力、让人感觉平易近人的人接触，没有谁喜欢结交性格乖张、飞扬跋扈或冷傲孤僻的朋友，孩子之间的交往更是如此。

女孩温莉从小学习成绩优异，是父母的骄傲。可是，自小被寄养到爷爷奶奶家后，她性格变得越来越张扬，常常表现得霸道不讲理，父母都拿她没有办法。

在学校里，温莉还有些孤高自傲。由于成绩好，几乎每次考试都是班级第一，温莉有些看不起班级的其他同学，经常对他们冷言冷语，有时还会讽刺一些成绩差的同学。

渐渐地，同学们都认为温莉太过自傲，不把任何人放在眼里，很少有人愿意与她交流、玩耍，她变得很孤独，父母也越来越担心她的成长。

而与她不同的是，班里另外一个成绩并不是太好、长相也很一般的女孩，却有极好的人缘，原因在于她很有亲和力，在任何人面前都保持微笑，说话也很有礼貌，这让大家觉得很亲切。

许多父母都将更多的心思用在了培养孩子的学习能力、领导能力等方面，却忽略了孩子的亲和力。可如今，无论是在人际交往还是在各种社会活动中，人们都越来越重视亲和力的作用。所以，作为父母，如果想让自己的孩子建立起更好的人际关系，就应该从小帮助孩子培养亲和力。

无论何时，礼仪都是促进人际关系的润滑剂，有礼貌的孩子更容易得到别人的喜爱和尊重。孩子讲文明，懂礼貌，周围人便会觉得他亲切和善，并因此而更愿意接近他、信赖他。因此，平时生活中，父母应有意识地要求孩子多用礼貌用语，比如与长辈说话时，孩子要用敬语“您”，家中有客人时，父母应要求孩子主动与客人打招呼，客人要离开时，要让孩子送其出门。

另外，父母要为孩子交友牵线搭桥，例如，多和邻居打交道，多邀请小朋友到家里玩耍，多和亲戚中有同龄孩子的家庭交往等。但应避免过多地干涉孩子的交友，选择什么样的朋友是孩子的权利，父母要相信自己的孩子的能力，知道什么样的朋友该交，什么样的人应该远离。在平时，父母可让孩子锻炼与人交往的技巧，教会孩子与人交往的具体方法。父母还要对孩子在人际交往方面的变化及时予以关注，对孩子的每一点进步要给予肯定和鼓励。

留守孩子，也要学会宽厚待人

留守孩子往往比较情绪化，自控能力比较差，常常会根据外界事物对自己的利弊做出最直接的情绪反应。很多留守孩子为了让自己处于一个优越的地位，就会对身边的朋友、家人冷言冷语，背后说别人坏话或哭闹、发脾气等，变得越来越小心眼，嫉妒心越来越强。

李晓辉是一名住校生，这一天，本来不是他回家的日子，他却气冲冲地跑回了家。

爸爸看他生气的样子，就温和地问："晓辉，这是怎么了？今天学校放假吗？告诉爸爸是谁惹你生气了！"

李晓辉不情愿地说："爸爸，我很生气。今天王明竟然偷偷把我的演讲稿藏起来，害我在全班同学面前出丑。我现在特别希望他遇上好多倒霉事，看他以后还怎么得意。"

"哦，原来是王明惹你生气了。"说着，爸爸就从家里的小库房中找到一个旧篮球，并在篮球表面涂了许多墨汁，然后告诉李晓辉，"儿子，你现在就把这个篮球当成王明，把上面涂的墨汁当作他遇到的倒霉事。要想解气，你就使劲拍篮球，看看一会儿你的心情会不会好一些。”

听完爸爸的话，李晓辉就开始拍篮球。可没过几分钟，他就停下来说：“哎呀，不拍了，我的手都疼了，地板、衣服也弄脏了，真不划算。”

爸爸笑了笑说：“你看，你希望别人遇到倒霉事，想以此为自己解气，结果倒霉的事却落到了自己身上。所以，有时候我们怨恨别人、诅咒别人，别人可能会倒霉，但我们自己同样也会受到一定的惩罚或伤害。与其这样，我们还不如用宽容的心原谅别人，以免作茧自缚，你说呢？”

李晓辉明白了爸爸的用意，使劲点了点头，并承认了自己没向老师请假就逃课的错误。

爸爸摸摸他的头说：“正因为我和你妈妈经常不在你身边，你更要学会宽厚待人，这样才能拥有良好的朋友关系，才能生活得更快乐。”

李晓辉再一次点点头，第二天一大早就赶回了学校，并主动和王明讲和，向老师道了歉。

在人际交往活动中，宽容是一剂包治百病的良药，它能化干戈为玉帛，使人一笑泯恩仇。所以，当孩子因别人的过错而生气、怨恨时，父母应该让孩子知道，不肯包容别人，实际上就是拿别人的过错惩罚自己。留守孩子应比其他孩子更注重人际交往的问题，一个好朋友，有时候比父母的陪伴更能让孩子学会坚强和勇敢。可以说，孩子的成长是离不开朋友的陪伴的。父母在了解到这一点后，就要多教育留守孩子，不要让孩子的好胜心太强，要教导孩子学会宽容，不要在和小朋友们玩耍时一吃亏，就气愤地和对方争吵甚至打架，或者哭着跑回家向家长告状。

留守孩子要学会宽厚待人，父母更要以身作则，在遇到孩子和朋友发生争吵的情况时，父母首先要冷静、宽容地看待问题，千万不能不分青红皂白就把别的孩子臭骂一顿，或追上门去“讨要说法”。孩子还小，在不知道如何正确解决矛盾的情况下，他只会效仿父母的做法。所以，如果父母心胸狭窄，不能宽容待人，就会对孩子产生一定的误导作用。

一对好朋友结伴去山间旅行，途中，两人因一个小问题而产生争执，其中一人在冲动之下扇了另一个朋友一记耳光。被扇耳光的朋友很伤心，但他并没有与对方决裂，而是用手指在沙土上写下“今天好朋友扇了我一个耳光”。

之后，他们继续前行，没过多久，那个被扇耳光的人一不小心踩到了山崖边松动的石块，差点摔下山崖，他的朋友连忙相救。被救起后，他用一把小刀在石头上刻下了“今天我最好的朋友救了我一命”。

后来，打他耳光的朋友好奇地问道：“为什么我打你，你把字写在沙土上；我救你，你却用刀刻在石块上？”

他回答道：“如果受到伤害了，就把它写在沙土上，让风吹散。而受到恩惠则必须刻在石头上，永远铭记！”

父母要告诉孩子，人与人之间产生摩擦、矛盾是在所难免的，但若因争一时之气而较真，只会引起更大的矛盾，破坏彼此间的感情。父母应从小就教导孩子学会包容，用一颗宽容的心与他人交往。要让孩子知道，对他人的宽容，就是对自己心灵的解放，凡事斤斤计较，不能原谅、包容他人的人，就是将烦恼和不快带到了自己身上。一定要尽量杜绝一切消极情绪，要学会用欣赏的目光看待他人。

贝贝是个能歌善舞、聪明伶俐的女孩。在学校里，她不仅学习成绩好，人缘一直也不错，从一年级开始，同学们都愿意选她当班长，老师们也很喜欢她。

最近，贝贝的妈妈每次下班回家，都会发现她在生闷气，话语间好像对班里新转来的一名女同学充满了敌意，一会儿说“她长得要多丑有多丑，同学们还说她漂亮”，一会儿又说“她有什么了不起的，考试成绩只比我高一分，老师就使劲儿表扬她”。

总之，自从班里来了那位新同学，贝贝经常憋着一肚子气回家。虽然妈妈很担心，但因为工作很忙，只好任由贝贝的嫉妒心不断蔓延，想不到好的办法来疏导她的消极情绪。

嫉妒心是一种不健康的心理，习惯嫉妒别人的孩子，长大后走入社会，可能会因别人取得了比自己更好的成绩而苦恼，严重者甚至会因仇视别人而无法融入社会。

其实，想要改变留守孩子的嫉妒心理，方法很简单。首先，父母要增加陪伴孩子的时间，并多表扬和称赞孩子。其次，在与孩子相处的过程中，父母要避免对其他孩子的过度表扬和奖励，更不要拿自己的孩子和他人做比较，否则，很容易让孩子产生嫉妒心理，对孩子的身心发展和交友都是十分不利的。

所以，为了避免这些情况的发生，父母应尽量避免将自己的孩子与其他小朋友进行比较，并要告诉孩子，在父母的心里，他才是最棒的。

鼓励孩子从帮助他人开始交友

一个人如果是真心想帮助他人，不必做出许多轰轰烈烈的事情，生活中点点滴滴的小事，往往能给他人带来更多温暖，比如，对伤心的人的一句简单问候与安慰，为公交车上的老人让座，为灾区捐助一元钱等，都能促使坚冰融化，能让许多脆弱的心变得坚强。留守孩子的内心，更应该是善良和乐于助人的，父母在引导孩子交友的时候，要先让孩子学会帮助别人。

方震的父母都在外地工作，因为平时没人管，他就成了一群孩子中的“孩子王”，每天带着这群孩子们到处疯玩，长辈们见他们也没做什么坏事，就任凭他们玩闹了。

但是最近，这群孩子中加入了一个性格比较内向的孩子，因为说话结巴，常被小朋友们嘲笑，方震还带头欺负他，并给他取了个外号叫“小结巴。”

“小结巴，今天吃饭没？”

“吃，吃，吃了……”

“小结巴，小结巴，吃，吃，吃了……哈哈哈……”一群孩子闹腾起来没完没了，围着小结巴又是讽刺，又是嘲笑。

妈妈有一次回家来看他，知道这件事后，对方震说：“你这样做不好，你应该带着大家帮助弱小的同伴，而不是欺负同伴。”

方震却不以为意，轻松地说道：“逗他好玩嘛。”

妈妈说了几次，他都不听。

后来，妈妈再回家看方震的时候，带回来一只流浪猫，脏兮兮的，十分瘦弱，只有巴掌那么大。方震回来看见后，很心疼地看着小猫对妈妈说："妈妈，它好可怜，我们该怎么帮它，它才能健康地长大呢？"

方震的妈妈没想到，爱欺负小伙伴的儿子竟然这么有同情心，便想着趁此机会，让方震学会帮助弱小的同伴。

于是她对儿子说："小猫现在还比较虚弱，如果我们好好照顾它的话，它一定会恢复健康，长成大个子的。现在这只小猫呀，就像那个说话结巴的小朋友一样，没有咱们的帮助，是很可怜的。"

"是吗？原来小结巴也和小猫一样可怜啊，我真的可以帮助他吗？"方震说道。

妈妈点点头，对他说道："当然能，只要你带头不再欺负他，大家多帮他练习说话，没准连他结巴的毛病都能纠正过来呢。那时候，你可就是大英雄了！"

方震听了，眼睛一亮，连忙站起来跑了出去，"我现在就去召集伙伴，明天开始，我们帮小结巴改掉结巴的毛病。"

"不能再叫人家小结巴了哦，不礼貌。"

"嘿嘿，叫习惯了，我慢慢会改掉的。"方震眨眨眼睛，一溜烟跑了出去。

很多父母为了让孩子不吃亏，就教育孩子：别人打你你要打他，千万不能受别人的欺负；老师发的东西，要拿大的；别人问你问题，千万不要告诉他，要不他就会比你强了……慢慢地孩子就会变得自私自利。在他们眼中，没有谁比自己更重要，事事处处都要从自己的利益出发。这种孩子最终会使自己走向孤立无援的地步，别人都会对他敬而远之，从而变得更加孤独。所以，即使是父母不能经常陪伴在孩子身边，也应教孩子多帮助他人。

很多留守孩子看到路边的小猫、小狗、小兔子等很可爱，就要求爸爸妈妈买回家。可没过几天，他们可能就会对小动物失去兴趣，把小动物丢在一边不管不顾。这时，父母可以这样告诉孩子：小动物没人照顾很可怜，它会很伤心的。小动物和宝贝一样，都需要爸爸妈妈的关爱，现在你买了它，你就是它的家人，那怎么能不管它呢，要是爸爸妈妈也不管你了，你会不会很难过呢，等等。父母用这样的语言引起孩子的情感共鸣，让孩子明白小动物和自己一样，都是弱小的、需要别人关心和照顾的生命，孩子或许会继续耐心地照顾小动物。

一个小女孩跟父母去山里野营，快到山顶的时候，她发现有只受伤的小鸟正在草丛中痛苦挣扎。于是，小女孩走上前去，轻轻抚摸着小鸟，然后让父母从背包中拿出小急救箱。

这时，女孩的爸爸说："山野里受伤的小鸟多的是，你又不可能一一照顾每只小鸟，何必浪费时间管这一只呢？再说，我们带来的急救物品本来就不多，你都用到小鸟身上了，待会儿万一我们自己受伤了怎么办？"

小女孩没有听爸爸的话，她继续请求妈妈和她一起为小鸟包扎。妈妈不忍让女儿伤心难过，便拿出急救箱帮小鸟治伤。几分钟后，受伤小鸟的情况有所好转，小女孩就让爸爸小心翼翼地将它放到一棵树上的鸟窝里。看着小鸟又能发出悦耳的叫声，小女孩十分开心，爸爸妈妈这才感觉刚才没有强烈反对女儿的行为是对的。

父母不仅要引导孩子帮助他人，还要培养留守孩子帮助弱小的自觉性。一些帮助他人的行为在很多人看来，其实并不是多么了不起的事，但至少，孩子在帮助别人的过程中，懂得为周围的弱小者尽自己的一分力量，自己也会在帮助别人的过程中收获快乐。

因此，要培养一个品行优秀的孩子，让他身边的小伙伴都喜欢他，父母应从身边的小事入手，让孩子肩负起帮扶弱小的责任。这样才能在人际交往的过程中顺利进行。生活中，有些父母会阻止孩子帮助弱小，比如，看到公交车上有老人上车，孩子想让座时，父母会说“别管了，会有别人让座的”、“是我们先上来的，这个座位就该我们坐”等。作为父母，这样的言行不仅会减弱孩子的同情心，还会对孩子造成误导，让孩子以为自己的想法原本就是错误的。久而久之，孩子的人生观、价值观都有可能出现偏差，帮助弱小不再被孩子当作有益的举动。

父母应向孩子讲述、示范哪些行为、表情是他人寻求帮助的信号，教孩子首先认识他人的需要。告诉孩子如何与他人友好地相处与合作。给孩子提供练习和实践的机会，教孩子如何正确向他人表达关心及向别人提供帮助。鼓励孩子自己寻找办法，培养孩子的勇气、信心和爱心。

微笑，让留守孩子成为善良的人

人之初，性本善。在当今的社会中，对留守孩子进行“善良教育”也占据十分重要的位置。然而，很多父母在要求孩子多交朋友的同时，却忽略了对孩子善良性格的培养，以致孩子从小缺乏爱心与同情心，出现许多自私行为，结果导致留守孩子变得孤僻，难以合群。

牛牛和王永都是留守孩子，一次，他们在父母的工作聚会上相识了，脾气相投的两个人很快就玩到了一起，你一言我一语，讲着身边发生的趣事，也互相倾诉父母不在身边时克服孤单的方法。

两家父母见两个孩子玩得这么开心，就把他们扔在了一边，自己去和好久不见的朋友们聊天去了。

可没过多久，两对父母就听到了牛牛和王永大声争吵的声音。先是牛牛朝王永吐了吐舌头，一副十分鄙视他的样子，王永似乎很生气，看见旁边摆着几块蛋糕，抓起来就扔向了他。结果牛牛头上身上全是蛋糕污渍。

“你这个笨蛋，明明就是我说对了，竟然吐我！”王永很不服气地瞪着他。

牛牛一边抖落身上的蛋糕，一边气急败坏地说道：“我的答案才是最准确的，你那是胡说八道。”

两个孩子各执己见，当双方父母跑过去的时候，两个孩子都动上手，快掐起来了。父母们也不问到底是什么原因，先把两个孩子分开，各自训斥了自己的孩子一番，相互道歉后，拉着自家孩子回家去了。

其实，有时候“善良教育”很简单，只要教会孩子微笑待人，就能起到事半功倍的作用。当孩子与人相处发生争执时，父母应该问清楚事情发生的原因和经过，再根据孩子的倾诉找到合适的解决办法，而不是匆匆道歉，各回各家就以为这件事情结束了。父母的这种简单的处理办法对孩子的人际交往十分不利。留守孩子比起其他孩子来说，更不善于控制自己的情绪，遇到不顺心的事情，很可能会出现发脾气、哭闹、打骂等不理智的行为。父母在这个时候，更应该让孩子学会微笑，以微笑化解各种矛盾和冲突。

芊芊和王梅是好朋友，两人的父母都在外地工作，所以她们两个总是在一块玩。但是最近王梅很不开心，因为最疼爱她的奶奶过世了，这让王梅十分伤心，每天眼睛都哭得又红又肿，芊芊很是担心，想为好朋友分忧，但又不知道应该做些什么。

芊芊去问奶奶，奶奶说："那你就多陪陪她，多对她笑，她不开心的时候就哄她开心，她难过的时候就逗她笑一笑。"

"那她要是想哭呢？"芊芊一想起王梅这几天红肿的眼睛就难受，怎么才能让王梅不再哭呢？

"那你就让她哭出来吧。"

"啊？"芊芊以为自己听错了，不解地问："让她继续哭？"

"对，再哭一次，这次之后，就只能笑了，因为人活着，必须要笑对人生！而且，作为王梅的朋友，如果她不能笑，你就要替她笑着生活，如果连你都愁眉苦脸的，她又怎么能心情好起来呢。"

"奶奶，你这话好有道理哦。我这就去找王梅。"芊芊趴在奶奶脸上亲了一口，兴冲冲地跑出家门去找王梅了。这一次，她一定要让王梅笑出来，从心眼里笑出来。

微笑不仅能使孩子心情愉快，还能消除疲劳感。当孩子走在大街上，看到的都是笑脸的话，相信他的心情一定会很舒畅，不管遇到什么不愉快的事情，都能在此刻抛到脑后。在人与人的相处中，微笑代表着认可、好感与接纳。在孩子的性格还不完善时，如果父母教会孩子不管在任何时候先对他人微笑，孩子一定能建立起和谐的人际关系的。

所以，家长在教留守孩子如何交友时，应让孩子先学会微笑，并把笑的好处清楚地告诉孩子，让孩子知道，笑的魅力是世界上所有事物都无法相比的。当孩子学会微笑后，再教孩子用笑容控制心里的不良情绪，不要轻易与别人发生冲突，要和善地对待每一个人。

当孩子的朋友有不愉快的情绪的时候，孩子也可以用笑容感染朋友，让对方在孩子的微笑中得到快乐，继而疏解心里的烦闷，重新拾取快乐的心情。这样做，不仅朋友得到了快乐，孩子也有可能收获意想不到的回报。

善良、有爱心是孩子心理健康的一个标志，这样的孩子，更容易受朋友尊重，并能很快建立起良好的人际关系。而缺乏爱心、同情心的孩子往往比较自私，性格怪僻，很难让周围人对其产生好感并与之交往。所以，要让孩子拥有良好的人际关系，父母应从小注重培养孩子善良的性格，除了让孩子学会微笑待人，还要进行一些其他方面的“善良教育”工作。比如，要多关心他人。

一位年轻妈妈带女儿上街买东西，途中遇到一位不小心摔倒在地的老太太。小女孩看到后说：“妈妈，奶奶摔倒了，我们去扶她起来吧？”

这位年轻妈妈当即阻止道：“不要多管闲事，又不是我们撞倒她的。快走吧，我们还要赶时间呢！”

妈妈不经意间的一句话，却在无形之中扼杀了女儿的善心，让她此后不再愿意主动关爱他人。即使别人请她帮忙，她也会借口推托。

孩子缺乏爱心、同情心，很重要的一个原因是受父母的影响。年龄较小的孩子，其所有道德和行为举止都是以自己的父母为标准的，留守孩子和父母相处的时间虽然少，但也一样会受到父母的影响，当孩子感到迷茫时，父母的一举一动就会成为他模仿的对象。

父母对别人的困难或不幸表现得无动于衷，在孩子有善举时还加以阻止，久而久之，孩子便很难感受到生活中那些最珍贵的爱与温暖。所以，父母平时应该多注意自己的言行举止，不仅要用自己的善举影响孩子，还要告诉孩子有付出才有收获，只有善待别人，自己才能得到更多人的关爱。还要让孩子知道自己的善意行为能对他人产生正面影响，甚至给自己带来心理上的满足，久而久之，哪怕是孩子离开了父母身边，也会富有同情心，愿意帮助别人，做个善良的人。

孩子懂得感恩，才会珍惜身边的友谊

感激是一种正面情绪，是幸福感的基础，会珍惜别人的付出，善待别人；感激是强大的动力激发系统，一个人获得他人帮助之后，可以激发他做出善举或努力作为回报。因此，从小教会孩子心存感激，体恤别人，站在别人的立场上理解别人的情绪，会使孩子的心灵存有一份真与善，使孩子的内心变得更富足和美好。面对留守孩子，或者单亲家庭的孩子时，我们更要有足够的耐心，来教导孩子做一个懂得感恩的人。

钱莉莉的爸爸长期在国外工作，所以她特别黏妈妈，每天起床，都得让妈妈帮她穿衣服、洗脸、做饭吃才行。这天早上，妈妈不小心打碎了一个花瓶，流了满桌子的水，急着收拾桌子和玻璃碎片，就让正在休假的爸爸去叫莉莉起床穿衣服了。

可妈妈刚收拾一半，就听到莉莉又哭又闹的声音，她赶紧放下手里的活，跑过去问："莉莉怎么了？"

"妈妈，我要妈妈帮我拿衣服。"钱莉莉一溜小跑来到妈妈面前，委屈地说道："为什么妈妈不来叫我起床？"

"爸爸叫你起床也是一样的呀，就因为妈妈没来，你就哭了？"妈妈哭笑不得地问。

钱莉莉用力地点头回答道："对啊，我不要爸爸叫我起床，就要妈妈来叫我起床。"

"妈妈本来是打算叫你起床的，可是客厅的花瓶不小心被妈妈打碎了，手还差点划伤了，要收拾那个花瓶，就没时间来了啊。"妈妈解释道。

钱莉莉却嘴一噘，说道："肯定是借口，妈妈不想叫我起床了。"

妈妈把受伤的手指伸出来，对她说："怎么会是借口，你看，手指真的划伤了，妈妈听到你哭，妈妈赶紧跑了过来，你都没感激一下。"

"妈妈……"钱莉莉这才知道真的是自己错了，赶紧低下头认错，并心疼地对妈妈说："妈妈真可怜，既然妈妈受伤了，那就莉莉来照顾妈妈，好吗？我们先去洗脸，然后我帮爸爸妈妈拿牛奶和面包，帮爸爸妈妈做早饭。"

"哎呀，我女儿这么会疼人啊，真是个乖孩子。"妈妈捧着莉莉的小脸亲了一口，莉莉也回亲了一口，自豪地说道："嘿嘿……这是为了谢谢妈妈一直辛苦地照顾我啊。虽然爸爸总是不在家，但是我会代替爸爸来照顾妈妈的。"

父母要利用有限的陪伴孩子的时间，教孩子学会表达自己心中的感激之情，比如，一个拥抱、一句“谢谢”、一个亲吻等。比如，当父母不舒服时，引导孩子给自己一个拥抱，学习施予爱心和同情。当父母为孩子买了玩具时，别忘了要求孩子说声“谢谢”。当父母生日或重要的节假日，和孩子一起制作礼物，送给父母和爷爷奶奶等。

除了感恩父母，我们还要让孩子知道有朋友陪伴的日子是多么幸福，帮助他们解决与小伙伴之间的矛盾，学会感恩和珍惜来之不易的友情。

赵晓从小就寄住在奶奶家里，在这里认识了一个好朋友，两个人关系很好。但是这一天，她和最好的朋友因为一点小事争吵了起来，最后两个人谁也争不过谁，赵晓就生气地对好朋友嚷道：“我要和你绝交！再也不和你这种人做朋友了。”

赵晓的朋友也气呼呼地喊道：“绝交就绝交，谁离了你还活不了呀！”

说完，两个人就一左一右两个方向，分开各自回家了。

回到家后，赵晓愤愤不平地把事情的经过告诉了奶奶，问奶奶：“奶奶，你觉得他是不是很气人，就那么一点小事儿，就吼我，还说我是个笨蛋，这种人，我再也不和他说话了。”

“可你现在这么低落，是怎么回事呢？”奶奶好像看透了她的心思般问道。

没错，赵晓现在除了生气，心里还有些低落和无助。一直以来，她都是和这个朋友一起玩，一起闹，一起学习的，如果真的和朋友绝交了，她连以后自己做什么都不知道了。

“不行，不行，难道我离了他还活不了了。”赵晓使劲摇摇头。

奶奶见他这样，笑了起来。

“奶奶，你笑什么？难道你也觉得我很可笑？”

“奶奶是羡慕你和你的朋友，我认为，你的那个朋友现在也在苦恼着，不知道该怎么办才好。奶奶小时候，也有过这种经历，只不过那时候小，不懂事，和朋友吵了架之后，真的就谁也没理过谁，现在想想，真是后悔啊。要是当初学会珍惜，或许我们到现在都会是好朋友呢。”

“珍惜？”赵晓有些不明白地歪起脑袋。

奶奶点点头，对她说：“人和人之间的缘分是很奇妙的，但是想要把这份缘一直延续下去，就得靠自己的把握了。珍惜每一份感情，尤其是朋友间的友谊之情，能让你受益一辈子的。”

“那我……我能去找她吗？”赵晓轻声问。

“当然能，把你现在的想法诚实地告诉她，我相信你们会和好如初的。”奶奶肯定地说道。

“嗯，我知道了奶奶，谢谢你，我现在就去找他。”赵晓很高兴地跑了出去。

友谊对孩子的一生都有重要影响，由于年龄相近、志趣相投、关系融洽、地位平等，同伴群体能满足孩子游戏、友谊、安全、自尊、认同等方面的需要。所以，父母应从小引导孩子知道被尊重也是一种珍贵的礼物，要有一颗感恩的心，好好珍惜伙伴的友谊，不要轻易拒绝小伙伴的善意，不要随便伤害一颗真诚的心。

当孩子间发生了争吵，家长要保持冷静的态度，不要为此而杜绝孩子间的往来，要采取劝解的办法加以疏导，不袒护任何一方。父母要帮助孩子多从自身寻找原因，如果是自己的孩子错了，要让孩子主动去向对方赔礼道歉，鼓励孩子与伙伴和好。父母还要教育孩子多关心帮助伙伴，当孩子的伙伴生病时，提醒孩子主动去关心探望伙伴。要教导孩子学会感恩，珍惜来之不易的友情，不要等失去友谊的时候再去后悔当初的决定。

教孩子首先尊重别人来赢得别人的尊重

孩子都渴望被人喜爱、受人尊重，但想要得到，首先应懂得付出。在成长的过程中，孩子若想获得他人的尊重，首先就应学会尊重他人。为此，父母必须担负起重任，从多方面入手教孩子学会尊重别人，并以身作则，先从尊重自己的孩子做起。

刘胖胖的爸爸妈妈总是因为工作忙而不在家，这一天，当爸爸妈妈终于回来时，妈妈却请了一大堆朋友来家里玩，看着忙出忙进地招呼着自己的朋友的妈妈，刘胖胖觉得妈妈忽略了他的存在，就开始找事了。

“妈妈，我要喝牛奶。”妈妈刚和朋友聊了两句，刘胖胖就跑过来摇着她的胳膊并指着冰箱说道。

“自己去拿！”妈妈拍拍他的肩膀，让他自己去冰箱拿。他却嘟着嘴说道：“我要喝热的，妈妈帮我热一热。”

“天气挺热的，喝凉的就可以了。”妈妈告诉他。

“不要嘛，我要喝热牛奶，妈妈快帮我热。”刘胖胖开始嚷嚷了，并夸张地指着自己的嘴说道，“我好渴啊，口快干死了。”

“稍等一会儿行吗？妈妈再和阿姨们聊两句。”妈妈哄他道。

刘胖胖却一点也不体谅妈妈，继续吵闹着。他的妈妈实在没办法，只好从冰箱里拿出牛奶去厨房热。

“儿子，牛奶热好了，快来喝。”他的妈妈端着热好的牛奶走回客厅，以为儿子一定会开心地接过来，并感谢她。可不料想，刘胖胖接过牛奶仰脖一口气把牛奶喝下去后，嘴一抹，不客气地说：“妈妈，我要吃烤面包。快点快点，帮我烤面包吃嘛。”

“妈妈正忙着呢，待会儿行不行？”妈妈抱歉地对朋友们笑了笑，又对刘胖胖说，“你看阿姨们都在等着和妈妈说话，等妈妈说完话，再帮你弄吃的，好吧？”

“不行不行，我就要现在吃，不要等！”刘胖胖开始吵闹起来，就差没在地上打滚了。

妈妈弯下腰想制止他的无礼行为，可刘胖胖却突然从地上坐起来，指着妈妈大声喊道：“你闭嘴！”

妈妈吓了一大跳，心想，儿子竟然这么和自己说话，一点也不尊重别人，那她也就不用好好和儿子说话了。

于是，妈妈用手指着刘胖胖愤怒地说道：“你才应该闭嘴。本来妈妈还觉得你是个大孩子了，想多尊重你的想法，现在看来，是妈妈太惯着你了。不会尊重别人的孩子，也不需要得到别人的尊重！”

刘胖胖吓得说不出话来，愣了两秒后便哇哇哭了出来：“妈妈凶我，呜……”

自尊的人懂得尊重他人，因为他知道要赢得他人的尊重，首先要尊重他人。很多孩子不懂得尊重他人，最明显的表现是不尊敬父母，比如，恶意顶撞父母、对其诸多挑剔、做任何事都讨价还价等。尤其是留守孩子，常会因为心理作用而和父母对着干，显得一点也不尊重父母。

所以，教孩子学会尊重，父母首先要让孩子知道，自己是长辈，若要求孩子做什么事，应对孩子发出指令或告诉他相应的要求，显示出作为长辈的权威，不能和他讨价还价。如果父母不能坚持自己的立场，时常对孩子妥协，这会让孩子认为任何事只要自己能吵能闹，就能达成愿望，从而养成孩子不尊重别人的坏习惯。

当留守孩子逐渐学会尊重别人后，父母就可以教孩子如何与朋友融洽地相处，让孩子人际交往的能力更上一个台阶。

田玲升入初中后开始住校，在新的学校里，她结交了两个新朋友王蕊和吴莉，王蕊性格比较直爽，大大咧咧的，什么话都敢说，而吴莉因为生活在单亲家庭里，性格比较敏感，别人说话的时候提到她的名字，她都会以为是别人在说她的坏话。

对吴莉的这种性格，田玲和王蕊都有些意见，想劝她不要总是怀疑别人，但田玲觉得直接说会伤害到吴莉，就拉着王蕊说："我们还是用委婉一点的话来说她吧，要不然她又敏感了，要是生我们气了，都不知道该怎么办。"

王蕊却不同意她的意见，她这个人最不喜欢拐弯抹角地说话，当然是有什么说什么，她对田玲说："要不这件事你就别管了，婆婆妈妈的，我去和她说，她爱生气就生气去，大不了一拍两散，不再做朋友。"

"可我们是好朋友……怎么能这样……"田玲不知道该怎么和王蕊说，王蕊才能明白自己的意思，王蕊却不想再听她的话，直接大声地说道："好了好了，我去和吴莉说了，你就在这慢慢纠结吧。"

"你们在说我？"正在这个时候，吴莉出现在两个人面前，用平时看其他人的怀疑的目光盯着她们两个说："你们刚才说我什么呢？"

"吴莉……我们没说你什么，就是想找你谈谈。"田玲在她的目光下，有种做坏事被抓的感觉，坐立不安。

"找我谈谈？哼！得了吧，你们肯定没把我当朋友，背着我说我坏话。"

"没有，我们……"

"就说你了，能怎么着？整天就这个样子，怀疑这个，怀疑那个，没完没了。活得累不累啊，赶紧改改吧，要不然，我们连朋友都做不成了。"

"你，你们……"吴莉气得说不出话来，一转身跑了出去，田玲想要追，王蕊却拉住了她，不让她去。

田玲看看这个，瞅瞅那个，两边急，这朋友性格完全不一样，该怎么才能融洽相处啊。她很是为难。

任何人要想取得成功，都离不开稳定而良好的人际关系。与人交往并建立和维持一定的人际关系，是人一生中最为经常最为强烈的需要之一。所以，父母一定要注意引导孩子会交朋友，善于交际。不管与哪种性格的人交朋友，都必须学会尊重他人，只有尊重才能让彼此的关系融洽，学会体谅他人。

父母要让孩子明白，社交需要是因人而异的。并不是每个孩子都希望有很多朋友，朋友的数量和质量是两回事。对有些孩子来说，也许一两个知己就已经足够。面对朋友，只要学会互相尊重，就能做到彼此真诚地相处。

另外，要让孩子学会尊重他人，父母应时刻要求孩子用尊重的语气和别人说话，让孩子多用礼貌用语与别人交流，说错话、做错事后要让孩子真诚地向对方道歉。不仅如此，父母还应让孩子自己承担不尊重他人的后果，如孩子对某位长辈出言不逊，父母可以告诉他“因为你刚才的态度有问题，必须向长辈道歉”。

幽默的孩子更受欢迎

幽默是智慧的体现，是人际交往的润滑剂，能融洽关系、化解矛盾。心理学家认为，幽默感在社交中起着举足轻重的作用。人们讨厌冷漠、讨厌忧伤，但绝不会讨厌一个人所带来的欢笑。所以，幽默风趣的孩子在与人交往时更容易受到别人的喜爱和欢迎，孩子的身心也能得到更和谐的发展。

周磊的父母因为工作比较忙，陪在周磊身边的时间很少，再加上平时家人都不苟言笑，让周磊也渐渐变成了一个遇事特别认真的男生，不管是做什么事情，都是有板有眼，一点幽默感都没有。身边的人和他开句玩笑，他要么一点反应也没有，要么以为对方是在损他，生气不理人。

身边的人经常无奈地对周磊的爸爸说：“你这儿子真是没趣，一点幽默感都没有，是不是你们家家教太严，让这孩子变得这么死气沉沉啊。”

周磊的爸爸赶紧辩解道：“没有啊，只不过我们家不怎么爱开玩笑。”

“这就对了，父母对孩子的影响最大。你们平时都不是幽默的人，孩子也自然培养不出幽默感。”对方这样说道。

听完对方的话，周磊的爸爸陷入了沉思。因为他和周磊的妈妈平时没有多少幽默感，所以不管是在工作中还是日常生活中，吃了不少暗亏，他不想让儿子也变成这样，便开始留意起培养孩子幽默感的方法。

周磊的爸爸首先和周磊妈说了自己的想法，周磊的妈妈觉得非常好。两个人就开始实施计划，只要周磊在他们身边，他们就会讲一些小笑话，说些俏皮话让周磊听。

夏天天很热，还有很多蚊子来扰人，这天，一家三口正在看电视，爸爸被耳边一只蚊子烦得受不了了，“啪”的一声就把蚊子拍死了。妈妈听到后，走过来看了看，对爸爸说：“看看，犯错了吧，这是我养的，赔吧！”

爸爸见儿子被他们的话吸引了，就赶紧咳嗽一声，开玩笑似的对妈妈说：“原来家里这些蚊子都是你养的啊，我和儿子每天被咬得这么惨，原来都是你害的。儿子，来，我们一块找妈妈报仇去！嘿呀……看我飞马流星挠！”

“呵……咯咯咯……”虽然儿子有那么一瞬还以为爸爸妈妈真的吵架了，但当他看到爸爸轻轻挠妈妈后，就明白他们不是在真吵架，被爸爸奇怪的动作和语气逗得直乐，也学着爸爸的样子，用小手轻轻挠着妈妈，一家人有说有笑，快乐地度过了这个晚上。

幽默是对有趣、可笑事物的一种愉悦的心理反应，是一种亲切、轻松的感觉，是人的情感的自然流露。人的幽默感有三成是与生俱来，七成靠的是后天培养。有幽默感的孩子能够积极、乐观、开朗地面对人生，他们很有人缘，在人际交往方面的能力表现得很好。

在培养孩子幽默感的时候，父母要教育孩子遇事不悲观，要培养孩子一切向前看的性格和毅力。

孙晓君是一名初三的住宿学生，本来性格开朗，是个爱说爱笑的大男孩。但最近不知道是不是初三学习压力太多，他的情绪不太好，感觉有些过于悲观失落。

这天，孙晓君没去上学，而是在家里睡懒觉，黄爸爸发现后，来到他房间关心的问："儿子，怎么没去上学？生病了吗？"

孙晓君没回答，不耐烦的翻了个身，躺床上继续养神。

"怎么不理爸爸，真生病了还是装病？"

孙晓君见躲不过去了，便支着身子坐了起来，懒懒散散的回答说："反正我成绩又不好，再学也比不过年级第一名，还不如在家睡觉，反正我也学不好，不学也罢。"

"儿子你怎么这么说呢？做人不能太消极啊。"

"没消极，讲事实而已。算了，在家也睡不好，我还是去学校打混吧。"说完，气恼的甩了甩头，在黄爸爸开口之前，从床上跳下来，穿好衣服，拎着书包出了家门。

像孙晓军这样经常不在父母身边生活的孩子，由于年龄、阅历等缘故，对自身的能力认识不足，面对问题时容易走入思维的误区。因此，父母在和孩子交流时，应帮助孩子正确认识自己，了解自己的能力，相信自己，相信生活的美好。

很多孩子在遇到困难或挫折时，就会有种挫败感，对自己的能力有些质疑，而事实上，真正的原因往往是孩子没有能正确发挥自己的能力，比如，做事不讲方法而事倍功半，浅尝辄止没有继续坚持就认为自己的能力达不到，克服不了困难就会沮丧悲观，变得无法快乐起来，更别提幽默细胞了。

这时，父母就需要帮助孩子正确认识自己了，比如，父母可以通过和孩子一起努力，引导孩子“再坚持一下”“换种方法试试”来帮助孩子摆脱悲观情绪。

父母还应知道，健康成长的孩子应该是用乐观的眼光看待问题的，他们的眼睛始终盯着前方，不管遇到什么艰难险阻，哪怕一时解决不了，也不会颓废，让自己陷入思维的困境，而是坚定地相信，只要自己能向前看，以后就一定可以解决问题，走出属于自己的精彩人生路。

父母应改变自己的教育方式和思维模式，引导孩子学会幽默，学会向前看。父母的教育方式和思维模式对孩子的影响力是不可低估的，如果父母的思想观念比较僵化，在孩子遇到挫折的时候，不能及时给予积极向上的正确建议，孩子的性格也会因此变得消极，在面对困难的时候，就没有了向前冲的动力和勇气了。

父母在教育孩子的时候，可以尝试多种积极的教育方式，找到最适合自己的孩子的方法，培养孩子一切向前看的积极人生态度。

第九章 教留守的孩子树立正确的财富观

在孩子的启蒙教育中，很多父母都会忽视孩子的财富教育，尤其是寄宿在学校的孩子和留守孩子，因为和父母接触的时间太少，接受的教育就更少了。所以，父母一定要抽时间对孩子进行财富观教育。如果留守孩子不尽早明白“劳动致富”、“有付出才有回报”的道理，就不利于其形成清晰正确的“金钱观”，更不能体会到父母工作挣钱养家的辛苦。

留守孩子，更应了解钱从哪里来

很多父母外出打工，对孩子的教育很少，而他们能做的事情大部分只是给孩子足够的金钱，导致孩子对金钱的概念十分模糊，问他“家里的钱是从哪里来的？”他就会直接回答：“从爸爸口袋里拿出来的”、“家里本来就有”等。而真正回答“是爸爸妈妈上班辛苦挣回来的”的孩子少之又少。

小刘夫妻是高档写字楼里的白领，他们的儿子刘亮从小学开始就过着寄宿生活。因为工作忙，夫妻俩没时间照顾儿子，就帮他找了个比较优秀的寄宿学校去上学。也因为觉得愧疚，小刘在钱财上对儿子很大方，基本就是刘亮要多少，小刘就给多少。久而久之，小刘发现，儿子变得很能花钱，几天就能花掉小一千块钱，一个月“消灭”四五千块钱都是正常的。经常是一没钱了就打电话来要钱，小刘感觉自己都快成儿子的提款机了。

对于这一状况，小刘感到很担忧：现在他们能挣钱，手头上也较宽裕，万一哪天，他们不能挣这么多钱供孩子花了，那可怎么办？

所以，在一个周末儿子放假回家时，小刘把儿子叫到身边，对他说：“儿子，你知道钱是从哪来的吗？”

“我知道！”刘亮很干脆地回答道：“当然是爸爸从取款机里取出来的。”

“那为什么爸爸能从取款机里取出钱呢？”小刘又问。

刘亮想了想，回答道：“因为有银行卡啊。”

“有银行卡就能从银行取钱？”爸爸再问。

刘亮很痛快地点头说道：“小伙伴说过，现在我们还小，不能有银行卡，等我们长大了，也就能从银行里取钱了。”

“……”小刘哑口无言，看来真的很有必要对孩子进行一下再教育，告诉孩子，钱到底是从哪来的。

可当他正要开口时，却听到儿子神神秘秘地对他说：“前两天在学校里，还有人说，钱是从厕所马桶里漂出来的。哈哈，太逗了。”

“发生了什么事呢？”小刘耐着性子问。

刘亮笑得直不起腰来，对他说：“原来，是有人上厕所没带手纸，就用百元大钞擦屁股了，然后水冲不下去，钞票又漂了上来，被其他同学发现了，哈哈哈……”

听到儿子这些话，小刘惊出一身冷汗来，没想到在网上看到的“炫富”行为，竟然真的发生在自己身边，而且还是正处于学习阶段的儿子身边，这可不得了，看来，他得尽快纠正儿子对金钱的认识。

在孩子的启蒙教育中，很多父母都会忽视孩子的财富教育，尤其是寄宿在学校的孩子和留守孩子，因为和父母接触的时间太少，接受的家庭教育就更少了。特别是“财富来源于何处”这个问题，很少有父母会给孩子讲清楚。所以，父母一定要抽时间对孩子进行财富观教育，让孩子知道钱是通过辛勤工作挣来的。不要以为孩子还小，不必告诉孩子自己工作的详细事情，如果留守孩子不及早明白“劳动致富”、“有付出才有回报”的道理，就不会对家里的财物有明确的认识，也不利于孩子形成清晰正确的“金钱观”，更不能体会到父母工作挣钱养家的辛苦。

父母要让孩子知道，财富要取之有道，不可不劳而获，更不能使用不正当的手段来获得金钱，要帮助孩子树立正确的理财观念。

孙女士的儿子军军开学后就要住在学校里读书了。

这一天，为庆祝军军的生日，也为了激励军军在学校的时候好好学习，妈妈决定在开学前带军军出去旅游一次。

“军军，我们要出去旅游了，需要买很多东西，你和妈妈一起去买好吗？”孙女士希望借此教儿子学购物，让他有理财的意识。

“好啊！”一听要去购物，军军兴奋地拍手道。

“嗯，那你先拿纸、笔、计算器过来。”孙女士道。

“要这些东西做什么？”军军一边惊奇地问，一边去自己的卧室拿妈妈需要的东西。

军军将纸、笔、计算器拿过来后，孙太太说：“我们要做个预算。你来写，妈妈补充好吗？”

“哦，这样啊。那我写什么呢？”军军还不知道预算是什么。

“就把你认为我们去旅行需要的东西写在纸上，后面要写上每样东西需要的数量以及它们大致的价格。最后，我们还要合计所有东西大概需要花多少钱。”孙女士说。

其实，让军军做预算这件事，孙太太是早有“预谋”的，此前几日，她还特意带军军去一个大超市，和他一起列出了旅行所需物品，像旅行箱、洗漱用品、遮阳伞等的价格。

军军“哦”了一声，然后在纸上写下了旅行箱、伞、太阳帽、旅游鞋、防晒霜、牙膏、牙刷等物品名称。当然，其中有些字军军还不会写，是孙女士手把手教他写出来的。之后，军军再和妈妈一起商量着写上每一种物品应购买的数量及其大致价格。

最后，合计总价格的时候，军军又能一显身手了，因为他已经会用计算器了，合计的重任当然要交给他。军军平时就喜欢拿计算器按着玩儿，这回真起上了作用，他倒也很熟练，没几分钟就算出了总额。孙太太检查了一遍，发现军军没有算错，于是表扬道："你真厉害，算得一点都不差。现在我们就去超市买这些东西吧 。"

军军高高兴兴地和妈妈出门了。

孩子学习理财知识也应尽早，当孩子学会在购物之前先做预算、学会将一个硬币存进小小储蓄罐时，说明他就已经具备了理财的意识，将来在学习更复杂的理财知识和技巧时，就会更加游刃有余。父母要利用这一点，在孩子离开自己身边之前，尽早地把一些理财知识教给孩子，帮助孩子树立正确的财富观念。

把零用钱和用钱的方法一起教给孩子

在孩子的潜意识里，他们会"选择性"地接受父母的教诲，即对那些对他们有利的话语就比较重视，对他们不利的就弃之一旁，也正是因为这样，才会导致一些孩子对消费有误区。对于这种情况，只要父母把道理给孩子讲清楚，然后再教孩子亲身体验，就能解决这个问题。

赵晓虽然是个男生，但是特别喜欢吃甜食，再加上爸爸妈妈都在外地打工，一个月才回来看他一次，并给他一些零花钱，这让他花起钱来随心所欲，想怎么花就怎么花。

这一天是爸爸回来的日子，接过爸爸给他的这个月的零花钱，赵晓就风一般地跑去买甜食了，爸爸也没在意，在家里待了两天就又走了。

但一个星期后，爸爸接到了赵晓的电话，竟然是来要零花钱的。

原来，赵晓看上一架玩具飞机，但赵晓的零花钱并不够买下这个玩具飞机，可他真的很想很想要这个玩具，这才打电话给爸爸，问他能不能再给自己一点零花钱。

“这可不行，爸爸前天不是刚把这月的零花钱给你了吗？”爸爸拒绝了他的要求，并问他：“你要钱做什么？”

“我想买玩具。”赵晓如实地回答。

听到这个答案，爸爸更不可能给他多余的零花钱了，就对他说：“你如果真的很想要那个玩具的话，可以自己想办法攒钱来买。”

“怎么攒呢？我真的很想要那个玩具。”赵晓认真地回答道。

“你可以规定自己每个星期只花一小部分零花钱，剩下的钱全攒下来，这样一来，要不了多久你就有钱买玩具了，不是吗？”

“可我怕自己忍不住花钱。”赵晓压低了声音说。

爸爸想了想，对他说：“虽然爸爸妈妈不经常在你身边，但是你也要学会有节制地用钱，而不是每次一拿到零花钱就马上花完，如果以后你还乱花钱，爸爸就再也不给你零花钱了。”

赵晓有些委屈，挂上电话后，小声嘀咕道：“坏蛋爸爸，反正你们不在家，又管不了我，我和奶奶要钱去，哼！”

现在很多孩子在有了零用钱后，都会马上乱花一通，从不做计划，没有一点节制。尤其是留守孩子，因为身边没有父母的监督，这种现象更严重。他们常常买一些自己喜欢但不实用的东西，没几天就玩腻了。或者手头又没钱了，就又向父母要。这让父母感到很发愁，不知道应该怎么管教孩子才好。

想要改变孩子的花钱方式，父母应该先了解孩子心里的想法，知道留守孩子最需要的是什么，有哪些消费误区，然后再对症下药，帮助留守孩子改变消费方式。

小芯的爸爸妈妈在另一个城市上班，春节的时候，他们终于回老家了，并给了小芯很多压岁钱。

拿到压岁钱后，小芯高兴地对爸爸妈妈说："爸爸妈妈，老师说花钱要有计划，我一定好好利用这笔钱，做好计划，把它们用在刀刃上。"

爸爸妈妈见女儿竟然能说出这么一番大道理，高兴地直夸女儿长大了，懂事了，便把一部分压岁钱交给女儿自己处理。

爸爸妈妈本以为女儿肯定会说到做到，可没过两个月，当妈妈打工回来看她的时候，小芯就低着头来和她要钱了。

"妈妈，同学要过生日，我想给他买个生日礼物。"小芯说。

"你不是有压岁钱吗？"妈妈问。

小芯犹豫了一下，低声回答道："花完了。"

"啊？花完了？你不是说要有计划地花钱吗？爸爸妈妈相信你才没有帮你管理压岁钱的。"妈妈吃惊地看向女儿，一开始还以为她在说谎，逗她玩，但见女儿那张认真的、憋红的脸，她意识到女儿真的把压岁钱，在两个月的时间里花光了。

"花哪去了？"她问。

女儿摇头，答："不知道。"

“怎么花的？”

“不知道。”

“那你的计划是怎么做的？”

小芯这次不摇头了，很认真地看着妈妈，回答说：“我真的很认真地做好了计划，而且按照计划进行的。”

“那你的计划是什么？”妈妈问。

小芯想了想，回答道：“每天就花10块钱。”见妈妈没反应，她又连忙回答道：“可是很多时间花不了10块这么多，我想了很多方法，才把这些钱花出去的。”

“你……是这么做计划的？”妈妈哭笑不得，哪有花不出去，硬花钱的？

小芯点点头，回答道：“不是妈妈说的吗？每天要买什么，要花多少钱，要做好计划，我觉得每天10块钱的花销不多不少正好，难道不对吗？”

此时，妈妈已经说不出话来了，看来，女儿的消费观念需要引导啊。

留守孩子的父母不能长期陪伴在孩子身边，这就对孩子的财商教育带来了一定的难度。让留守孩子对什么东西该买什么东西不该买有一个清晰的判断。孩子的年龄还小，他们的判断能力较弱，往往会把自己喜欢的东西和自己需要的东西混淆，因此，他们常向父母要钱买这买那。而父母如果不长期地监督教育孩子，限制孩子花钱，教育的效果是不会明显的。对此情况，父母要帮孩子分清自己必需的和喜欢的东西，将需要购买的东西按照重要程度列一个表，优先购买最重要的东西，并适当兼顾喜欢的东西即可。

有时候，孩子从众心理较强，他们花钱一是为了随大流，二是慰藉父母不在身边的寂寞和空虚。孩子都喜欢三五成群地玩耍，他们受自己身边朋友、同学的影响很大，往往会看到同学有一个好玩的玩具，或者炫丽的书包，会很羡慕就也想拥有一个，免不了也会想要拥有这样的东西。其他孩子回家还能向父母提出要求，而留守孩子回到家面对的只有空荡荡的房间，所以，他们就会觉得，反正爸爸妈妈给了我零花钱，就是让我花的，所以才会变得花钱不节制，没有任何计划，或者做出一些十分可笑的花钱计划，走进一些误区。

对此，父母应在适当满足孩子的需求的前提下，教导留守孩子“世上令人心动的好东西多得很，我们不能每一个都要拥有”的道理，然后鼓励孩子坚持自己的个性，不盲目从众。还要多抽出一些时间，陪在孩子身边，亲自指出孩子的一些错误，并帮助孩子改正。

节俭，让留守的孩子学会早当家

节俭是一种美德，更是一种良好的财富观念，尤其是在物质极其丰富的现代社会，节俭对每一个人来说都十分重要。一个有很强赚钱能力的人，如果学不会节俭，最终也有可能把赚来的钱消费殆尽。留守孩子因为缺乏父母的教育，节俭意识不强，不能体会父母赚钱的辛苦，很容易造成浪费的行为。

冯彬家里的经济条件比较好，家里人也总是“惯”着他，平时为他提供十分充裕的物质条件。但是父母因为工作忙，只好把他寄养在爷爷奶奶家。

爷爷奶奶更宠爱冯彬，渐渐地，冯彬花钱开始变得大手大脚，不仅花钱没有节制，在其他方面也很浪费。

每次吃饭，不管是在家里还是在外面的餐厅里，冯彬总是会先将喜欢的食物夹一大碗，却不考虑自己到底能否吃完。大多数时候他都吃不完自己碗里的东西，而且还会趁家人不注意，偷偷将剩菜剩饭倒进垃圾桶里，因为他不想下一餐吃剩饭。

有一次，奶奶刚回家就发现家里到处是冯彬扔的玩具和零食。奶奶原以为是冯彬调皮，喜欢乱扔东西，于是就去帮他整理起来，还把他吃剩下的零食都放回冰箱里。结果，冯彬看到非但没有感谢奶奶，反而抱怨道："这些都不要了，奶奶你又放冰箱里干什么？"

奶奶惊奇地问："为什么不要了？这些零食都没过期啊，打开包装的那些也是能存放较长时间的。"

"反正就是不要了，我才不管能不能存放呢。这些都是我吃剩下的，就得扔了。"冯彬理直气壮地说。

看到冯彬这样浪费，奶奶心中特别不是滋味。后来的日子里，奶奶每次看到冯彬浪费钱、食物或其他东西，她都很心疼。

成由节俭败由奢。可如今的许多孩子却根本不懂得节俭，经常乱花钱、随意浪费，尤其是缺乏父母教育的留守孩子，更难做到节俭。所以，父母应多抽时间培养孩子节俭的品质，让他们树立正确的财富观，不要长期放任孩子的浪费行为，否则，留守孩子在面对未来的生活时，将会陷入严重经济困境之中。

父母应尽早让孩子体验"当家"的难处。很多留守孩子不清楚该如何正确地使用金钱及其他物品，而肆意浪费，针对这种情况，父母应尽早教孩子学会用钱，学会合理使用身边的其他生活用品等。要让孩子知道父母的辛苦，他花的每一分钱都是来之不易的，只有这样，留守孩子才会体谅父母，学会生活节俭。

父母可以引导孩子，让孩子明白父母一个月大概能挣多少钱，而这些钱又能用来办哪些事情。比如，可以告诉孩子家里的一切开支都要从父母的工资中支出，而父母挣这些钱需要付出哪些努力。如果方便的话，父母可以带孩子去自己的工作地方看看，让孩子实际了解父母的工作情况，既能开阔孩子的眼界，又能加深孩子对父母劳动辛苦的理解，还有利于以后对孩子进行节俭教育。

舒天的衬衫旧了，想买一件新的，正好妈妈周末放假在家，他就请妈妈和他一起去商场买一件，妈妈欣然答应了下来，陪他走进了商场。

“这件衬衫不错。”舒天看中了一款浅蓝色衬衫，妈妈看了看，觉得也不错，就问老板：“这件衬衫怎么卖？”

“110元。”老板张口便说了一个数字，妈妈听了，思考了一下就拉着儿子走了出去。

来到另一家店铺，也有同一款衬衫在卖，妈妈问老板：“这件衬衫怎么卖？”

“80元，喜欢就穿上试试，价格还能优惠。”老板笑着对他们母子说。

舒天吐吐舌头，仔细地看了看衣架上挂着的衬衫，明明是同一款式、同一种布料，价格怎么会差这么多呢？

他以为妈妈肯定会马上把这件衬衫买下来的，谁知道妈妈和老板聊了一会儿后，竟然空着手又把他拉出去了，就这样，他们又在商场里逛了很久，舒天累得腿都要抽筋了，拉住妈妈问：“妈妈，走那么多家干什么啊？不都是一样的吗？刚才那家最便宜，直接买回来不就行了？”

妈妈看了儿子一眼，对他说：“这叫货比三家，比较好之后，妈妈才能清楚地知道这件衬衫的价位，然后才能和老板讲价啊。买东西一定要学会讨价还价，不仅要从质量上，还要从各个方面找到能让老板把那件衬衫价格降下来的理由。”

舒天目瞪口呆地听着妈妈讲的关于讨价还价的“长篇大论”，心里暗暗佩服。最后，他们来到三层的一家店铺，经过一番讨价还价后，用60元终于把这件衬衫买了下来。

妈妈自豪地拿着自己的“战利品”对舒天说：“看见没，这就是讲价的好处，从110元到60元，剩下的钱还能买点有用的小东西回去，多好。”

即便是长期不能待在孩子身边，父母还是要学会利用有限的时间教育孩子，教导孩子学会节俭并不是一味地节省，什么东西也不买，还要让留守孩子学会货比三家，以最实惠的价格购买自己想要的东西。

一般来说，从孩子上小学低年级开始，父母就应教孩子买东西，让孩子清楚该如何用钱，如何选购物有所值的商品，还要教孩子保管财物的方法，以防丢失、被盗等。在孩子学会用钱后，父母可以利用工作之余，锻炼孩子和自己一起主持家庭事务，让孩子对某一天或某一星期家里的收支状况做预算，并亲自记账、盘点财物等。这样，留守孩子不仅能体会到节俭对于家庭生活的重要意义，还能从中学到一些好的理财方法。

另外，父母还要鼓励孩子进行储蓄，让孩子明白积少成多的道理。父母可以鼓励孩子在平时生活中进行储蓄，并在孩子的储蓄额有所增加后及时给予奖励，以鼓励孩子的储蓄行为。

鼓励留守孩子体验挣钱的苦与乐

美国摩根财团的创始人老摩根就要求自己的孩子，每个月以做家务的方式来“赚”取自己的零花钱。虽然很多经济学家并不赞同父母用这种方式教孩子挣钱的道理，但更多的人认为，让孩子在劳动中获取钱财，能更好地让孩子体会到赚钱的辛苦，并且能让孩子及早明白有付出才有收获的道理。而且，留守孩子更应该接受这方面的教育，让他们即便没有父母的监督，也能学会自己独立生活。

梅梅读的小学是全日制封闭式的，每个星期只有一天可以回家见到爸爸妈妈。

这个周末，她回到家后，突然问妈妈：“妈妈，怎么做才能有钱花呢？”

妈妈微笑着回答她：“当然是去挣钱啦。”

“挣钱啊……”梅梅想了想，高兴地回答说：“那就是把自己的东西卖出去换钱呗，我也会！”说完，就一溜烟地跑回了房间。

妈妈好奇她要做什么，便跟着她进了房间。只见梅梅在房间里跑来跑去，不停地翻找着什么东西，不一会儿，床上就摆了一大堆花花绿绿的东西。有毛绒玩具，也有一些精美的故事书和衣服。

妈妈问：“你在做什么？”

梅梅兴冲冲地指着床上的东西，对妈妈说：“我要把这些东西全卖掉。”

“把这些全卖掉？”妈妈大吃一惊，又仔细地看了看床上摆着的东西，玩具和故事书也就算了，那些衣服中，有一些，可是她不久前才买回来给梅梅的。

见女儿用力地点点头，妈妈赶紧说：“你想赚钱是件好事情，但是方法有很多，不一定只有卖东西一个方法啊。”

“是吗？”梅梅歪着头问。

妈妈点点头，指着一件新衣服说道：“这件衣服是你最喜欢的，你舍得卖掉？而且你卖掉了，妈妈还得再给你买衣服，挣不到钱，反倒赔钱了呢。”

“那怎么办？赚钱还有什么方法呢？”梅梅可怜巴巴地看着妈妈，妈妈微笑着摸摸她的头，说道：“有很多种啊。比如，你可以用自己的劳动去赚钱。”

做父母的不可能让孩子从小就外出打工，挣钱来养家。尝试让孩子自己通过劳动去挣钱，可以培养孩子的自理能力和财富观念。面对留守孩子，父母不仅要趁早教他们一些生存之道，还要让他们尝试着用自己的能力去挣钱。

在国外很多家庭，对孩子进行理财教育被视为是一种生活教育，是让孩子体会生活艰辛的一种教育。国外的很多父母认为，如果不是自己挣的钱，孩子永远不会真正体会到赚钱有多辛苦。父母可以适当安排一些家务活，让孩子和父母一起劳动，既增加了亲子间相处的时间，又解决了孩子财富观教育的问题。何乐而不为呢。

不过，无论是哪种教育方式，父母都不应让留守孩子太在意挣钱这件事，而是应以“学”为主，学会做这件事，学会挣钱的方法就行了，不要为了钱而挣钱，这样做就本末倒置了。

李佳夫妻俩的收入水平都不低，两人也都受过高等教育，平时很关心自己儿子的教育问题，还专门请理财规划师指导他们为儿子将来出国留学做资金规划。在他们看来，儿子最主要的任务就是好好学习，以后出国获得高学历，为自己争取更多获得成功的机会。

但他们平时工作很忙，所以只指导了几次，就没再去关注孩子的财富观教育问题。直到有一天，李佳夫妻俩竟发现孩子学习没有以前那么用心了，却时常从外面收集饮料瓶，然后卖给废物回收站，有时他还向同学卖自己不喜欢了的玩具、文具等。

李佳发愁道："我们给他的零花钱也不少啊，他怎么还爱琢磨挣钱的事。这样太影响学习了，该采取什么样的措施制止他呢？"

针对孩子卖废旧物品赚钱的行为，李佳夫妻俩时常会采取反对态度，有时免不了要教训孩子几句。可这样做的结果是，儿子并没有把全部心思放回到学习上，而是开始挖掘其他更有意思的活动，比如和同学拿一些旧物到小巷口叫卖。几个月后，李佳夫妻俩更加担心了，也开始怀疑是不是自己的教育方法有问题。关于"该不该让孩子挣钱"，他们的内心也开始矛盾起来。

与李佳夫妻俩不同，他们的一位以色列朋友，在教育孩子的过程中就选择让其尽早学会挣钱。这位以色列朋友虽已居住在中国很多年，但他一直秉承着犹太人"赚钱从娃娃抓起"的传统，从孩子上小学起就鼓励他们自己想办法挣钱。他有两个女儿，大女儿到12岁时，已通过干家务活、外出帮邻居们打扫庭院等方式赚到了2000多元钱。小女儿10时就学会了做多种小点心，还会自己做许多手工制品，如贺卡、手工编织袋、小布偶等，她将这些东西卖给同学们，也赚了不少钱。

有些父母认为做家务活是孩子应尽的责任和义务，不想用这个方法让孩子赚钱，为了让孩子们能体会到打工挣钱的辛劳，父母们和社会各个阶层想出了一个又一个方法。比如，开展仿真城市活动，让孩子在这个浓缩的城市里，扮演各种各样的职业，体验打工挣钱的乐趣。但这些活动参与得太多，有时候也会起到反作用，让孩子过分在意挣钱这件事，而忽略了教育本身的意义，变得只想赚钱，忘记了学习才是孩子的第一要务。

所以，父母在教育留守孩子时，在指导孩子尝试赚钱的同时，也不要忘记品德方面的教育，让孩子树立正确的财富观，知道自己的生活重心应该放在哪里。

告诉孩子珍惜财富但不过于看重金钱

犹太人历来就注重对孩子赚钱能力的培养，甚至在孩子满周岁时就送股票给孩子，在牙牙学语时就教他辨认不同币值的硬币、纸钞。在孩子成长过程中，他们还会抓住任何可能的机会，教会孩子如何善用每一分钱，如何赚取更多财富。但是他们在教孩子赚取财富的同时，也会教育孩子不要过于看重金钱，在金钱的世界，奢侈和吝啬都不是一个品德高尚的人应该做的。

蔡力的妈妈出差回来，突然发现蔡力已经一个多星期没向自己要过零花钱了，难道是儿子变得懂事了？可儿子该买的东西还是买了一大堆，感觉儿子手里的零花钱似乎突然变多了，而她并不记得自己多给他零花钱，这是怎么回事呢？

每每看着儿子买回来一大堆东西，妈妈就心神不宁，几次问他，他都说是靠自己的能力挣的钱，但具体问他通过什么方式挣钱，他又不回答了。

“力力，吃西瓜了。”周末的中午吃过午饭，蔡力正在房间写作业，妈妈把切好的西瓜端了进去。

看见儿子书桌上满满堆了很多书和本子，妈妈心疼地说道：“你们老师怎么留了这么多作业，这得写到什么时候。”

“也没多少，很快就写完了。”儿子猛地把桌上的书本推到一边，对妈妈说：“妈妈，把西瓜放这儿吧，吃完我再写。”

“嗯，妈妈看看你写的什么。”

“啊……”

蔡力想拦，却已经晚了，此时，一本作业本，已经握在了妈妈的手里。

他的妈妈看了看，是数学作业本，再拿起一本，还是数学作业本，而且题目一样，字迹也差不多，有一本上面，还有刻意模仿别人字迹的痕迹。

“这是怎么回事？”蔡力的妈妈合上本子，发现每个本子上的名字都不一样，有两个名字貌似是蔡力同班同学的。

蔡力先是低下了头，待了一会儿，小声说道：“我在挣钱啊。”

“挣钱？拿别人的本子能挣钱？”妈妈本以为是儿子在抄同学的作业，但听到儿子的回答后，她觉得问题更加严重。

果然，没一会儿，儿子支支吾吾地回答道：“我是帮同学们写作业，然后就能挣到钱啊。”

妈妈听完后，严厉地对蔡力说：“蔡力，你现在就能考虑挣钱的事情，妈妈很开心，但是你这样挣钱的方法是不对的。以后不能再这么做了，明白没？”

“……哦……”蔡力似乎也知道这样做不太好，不安地低下了头。

君子爱财，取之有道。有时候，父母可能会发现自己的孩子“头脑”真是太好了，甚至好得有点过头了。因为他们为了能“挣”到钱，真是什么方法都能想到，什么“手段”都可以利用，简直都快“不择手段”了！但有些挣钱的方法，其实是不对的，甚至有些还是违规的行为，如果不马上纠正孩子的错误行为，很可能导致留守孩子做出诈骗、偷盗等违法事件，让父母痛苦不已。

另外，父母应在陪伴孩子的过程中，向孩子传递正确的财富价值观，理财既不是挥霍浪费，也不是吝啬小气，一定要让孩子明白其中的道理。

住校的玲玲一放假回家就扑进了妈妈怀里，问妈妈：“妈妈，什么是理财啊？我们老师让我们做个理财计划，可上课的时候我没听懂，妈妈你知道什么是理财吗？”

妈妈想了想，觉得理财这个概念对玲玲来说有点太难，就用最简单的语言对她说：“理财就是节约、节俭，也就是，钱要省着点花。”

“是吗？”玲玲歪着小脑袋想了想，突然像是想通了，高兴地对妈妈说：“妈妈，那我明天开始要省着点花钱，做个勤俭节约的好孩子。”

“嗯。玲玲真是妈妈的好女儿。”妈妈赞赏地拍了拍玲玲的头。

玲玲高兴地跑回自己的房间，认真地做起了“理财计划”。

但一周后，玲玲却无精打采地回到了家里，妈妈一开始没注意到她的异样，就问："玲玲，妈妈让你买的米买回来没？"

原来，家里的米吃完了，知道她今天要回来，妈妈就把这项任务交给了她。可现在看她两手空空的，妈妈以为她忘记了，只好叹着气说："唉，那我自己去买吧。"

"妈妈，我们以后能不能不吃米了？"玲玲突然拉住要出门的妈妈问。

"啊？"妈妈吓了一跳，问道："为什么不吃米了？那我们吃什么啊？"

"不是啊，我在想，反正米和面都是食物，咱们只吃面就好了嘛，把买米的钱省下来多好，我这周把晚饭的钱都省了下来呢。"

"傻孩子，怎么能连饭都不吃呢。"妈妈这才察觉可能是自己的教育方式出现了问题，看着女儿，又心疼又可笑，赶紧跑进厨房给她做吃的去了。

在生活中，父母遇到孩子问与理财相关的问题时，常常会不经意地应付了事，尤其是父母工作忙的时候，更是能敷衍就敷衍，或者将自己最熟悉最重视的那些内容讲出来，而不考虑自己的回答是否全面，孩子是否能理解和接受。因此，很多父母在和孩子讲到理财时，首先而且着重提的就是"节省"，其他的则讲的不多，即使如此，对"节省"，父母有时也会讲解不清楚，讲的不全面，这就难免给孩子这样一种印象：理财就是省钱，越省钱说明理财效果越好，但是那么抠门多累人啊，还是敬而远之吧。导致孩子从心理上对"理财"不热衷，甚至有些畏惧和抵触了。

事实上，理财并不是一味地节省，更不是过度节俭到了吝啬的程度，它是对家庭财产按照"量入为出"的原则进行合理规划的。在理财中我们要兼顾今天、明天和后天，眼下与中长期消费和投资安排，不能只对孩子说要节俭，要“吝啬”地理财。否则只会向孩子灌输错误的理念，导致孩子无法正确看待财富，过于看重钱财。

所以，父母要用积极的心态，运用创造性思维对留守孩子进行财富观教育，这样才能让留守孩子轻松地接纳理财教育，树立正确的价值观和世界观。

父母要教孩子多了解基本的理财常识

很多父母在对留守孩子进行财富观教育时，通常很笼统，他们很少会告诉孩子生活中的常识。一是父母认为这些知识用处不大，二是觉得孩子还小，暂时不必知道。所以对于类似于通货膨胀、物价涨降等常识，很多留守孩子都不是太明白。

妈妈周末放假回家，为了弥补不能陪伴女儿的缺憾，就带着女儿去超市购物，女儿最喜欢吃饺子，每次去超市都会先去挑一大堆各种口味的饺子，可是今天，女儿来到冷冻速食区之后，却迟迟没有动手。

“怎么了？没有你喜欢吃的口味吗？”女儿嘴很挑，只爱吃两三种品牌和口味的饺子，所以妈妈见她迟迟未动，以为是超市没有她喜欢的那几种了，就走了过来。

她低头一看，这不是有吗？于是就问女儿：“怎么不拿呢？不想吃饺子了？”

“可是这两种饺子涨价了，妈妈，为什么它们会涨价呢？”女儿苦恼地抬起头来说道：“这样岂不是要拿更多的钱来买它们了？”

“这是因为通货膨胀造成的。”妈妈说。

“什么是通货膨胀？”

“通货膨胀这个词起源于美国南北战争时期。那时，美国联邦政府总共发行了4.5亿美元‘绿背’，占战争费用融资的13%，使价格水平上涨到战前的180%。大量的发行，使得‘绿背’币值迅速下跌，物价上涨，好像空气吹入布袋似的膨胀起来，于是被称为‘通货膨胀’。”妈妈耐心地解释道，也不怕女儿听不懂，只是想让她了解更多的知识。“那个时候啊，一个小偷去别人家里偷东西，看见一个筐里边装满了钱，他把钱倒了出来，只把筐拿走了。一位家庭主妇煮饭的时候，她宁愿不去买煤，而是烧那些可以用来买煤的纸币。”

“太可怕了。”女儿虽然还是不太明白，但她知道了通货膨胀不好。

物价上涨的重要原因就是通货膨胀，对于正在接受财富观教育的孩子来说，了解一些自己喜欢的商品的价格也是一种很好的实践学习的方法，父母可以趁机对孩子讲纸币背后的经济故事。不过，很多父母却因为工作繁忙等原因，而回避这些问题，不愿意和孩子多讲理财常识，让孩子对这方面的知识十分匮乏。

通货膨胀是指一个经济体在一段时间内货币数量增速大于实物数量增速，单位货币的购买力下降，于是普遍物价水平上涨。即在纸币流通条件下，因货币供给大于货币实际需求，也即现实购买力大于产出供给，导致货币贬值，而引起的一段时间内物价持续而普遍地上涨现象。简单来说，就是我们国家造出100元的东西，就要印出等值的货币。如果印的货币超过100元，通货膨胀就出现了。

除了通货膨胀，父母还应尽可能多地给留守孩子讲一些经济上的名词，这样对孩子的财富观教育十分有好处。

吃过晚饭，一家人坐在电视前，津津有味地看着“新闻联播”，突然，女儿指着电视笑了起来。

“女儿，怎么笑成这样？新闻也这么好笑吗？”妈妈不解地问道。

女儿又笑了好久，才捂着肚子回答道：“妈妈，这个主持人好笨哦，你看他把标题的字都念错了。”

“咦？没有吧？”妈妈仔细地瞅向电视屏幕，可始终没看出哪里有问题。

“真的有啊，刚才那个叔叔念的是国民生产总值，可是电视上明明写的是英文字母，他太笨了，汉字和英文都分不清了。”

“哪几个英文？”妈妈问。

“好像是……G……DP？”女儿凭着记忆回答道。

妈妈听了，哈哈大笑起来：“国民生产总值和GDP是一个意思，你冤枉主持人了。”

“是吗？那它到底是什么意思？”女儿歪着小脑袋，疑惑地问。

“国民生产总值，简称GDP，是指全国人民劳动的总收入。”妈妈认真地回答道。

“总收入？我还是不明白。”女儿摇摇头，她还是不明白。

妈妈想了想，回答道：“说得简单点，就是咱们家，所有人一年工作获得的总收入的值，就是咱们家的GDP。比如，爸爸一年能挣5万块钱，妈妈一年能挣3万块钱，家里只有爸爸妈妈挣钱养家，那么5+3得8，这8万块钱就是咱们家的GDP，明白了吗？”

“哦，原来是这个意思啊，现在明白了。嘿嘿……”女儿这才恍然大悟。

日常生活中，在父母看来很简单的一件事情，对孩子来说就比较难理解了。尤其是留守孩子和父母交谈的时间有限，所以有些理财方面的知识只能通过道听途说来了解，这样的方式只能让孩子对理财概念更加一知半解，到头来还是不了解理财知识。

也许有父母会有这样的疑问：孩子还小，给他讲这些复杂的概念有什么用呢？还不如给他讲些如何省钱、如何积攒零用钱更有实际意义呢！这样的说法也有道理，但是如果孩子问起来，我们还是要给他解答的，这样既能满足孩子的好奇心，也能让孩子学到一点点理财的知识。当然，更重要的是，在给孩子讲这些比较抽象的知识时，要注意适可而止，要照顾到孩子的理解能力，不能讲得太深奥以致挫伤孩子学习新知识的积极性。

第十章
让留守的孩子学会自我保护

沉迷网络、泡吧、酗酒抽烟……都是为人父母担心孩子遇到的问题，而留守孩子与父母相隔两地，更容易受到不良因素的诱惑，也更容易因各种意外而遭受本不该有的伤害。因此，在去外地工作前，父母应该教孩子学会自我保护，并把它当成一件重要的事情去做，系统地教孩子辨别身边各种危险因素，以及熟知不同的应对方法，这样才能最大限度地避免孩子受到各种意外伤害。

如何预防孩子沉迷网络

如今，父母每每谈论到孩子打电脑、玩游戏的话题时，总是显得十分紧张和焦虑，斥责打骂对孩子来说一点效果也没有，孩子总是无法抗拒网络游戏的诱惑，一放学就跑到电脑前面，一头“扎”进游戏里！

普通家庭是这样，对于那些父母工作忙或者孩子住校的家庭来说，这样的担忧尤其多。父母对于留守孩子的教育时间本来就少，一般情况下只能以说教为主，尽量保证孩子在自己的眼皮子底下时不出差错。

但上有政策下就有对策，留守孩子为了能上一会儿网，玩会儿游戏，聊会儿天，小脑筋转得比谁都快，比上课学习可用心多了。

胡亮是一名初中生，平时住在学校，只有周六、周日才能回家。

虽然最近胡亮的课业越来越重，但他却迷上了玩游戏，一开始只是利用课外时间玩一会儿，后来渐渐地发展到一放学就奔出校门，通宵上网玩游戏。

胡亮的爸爸一直反对他玩游戏，但屡禁不止。周末的时候拔了家里的网线，胡亮就趁家人不注意，自己把网线插回去，非要玩游戏。没办法，胡亮的爸爸只好把电脑设置了密码，规定每周只能玩三个小时的游戏。

这条“规定”下达后，胡亮和爸爸妈妈闹了几天的脾气就平静了下来，相反地，他周末在家的时间变得越来越短。

这一天是周六，胡亮本来应该昨天晚上就回家的，但一直等到第二天晚上快十点了，他才背着书包进家门，爸爸妈妈此时已经急得四处找了他整整一天。

“怎么这么晚才回来？”妈妈生气地问。

“去同学家写作业了。”胡亮说。

“下次不要这么晚回来了。”

“嗯，我知道了。”

胡亮爸爸对儿子的话有些怀疑，第二天见儿子又要出门，就偷偷跟踪了他，结果发现儿子确实是去了同学家，但他们一路上讨论的话题都是关于游戏的。胡亮的爸爸等儿子进了同学家没多久，他也过去敲开了胡亮的同学家的门。

“胡亮，你不是在写作业吗？”当看到儿子确实趴在电脑前面玩游戏时，爸爸气坏了。

胡亮见谎言被拆穿，顿时慌了神，但他还是不服气地说：“我每天学习那么累，你们却只让我玩一会儿电脑，我不在家玩，我出来玩总行吧。”

“你这孩子，还强词夺理！”爸爸气得把胡亮拽回了家，他决定，以后一定要好好管教儿子！

在网络的世界里，留守孩子可以结交朋友、组成团队，不仅能找到很多“志同道合”的伙伴，还能通过攻略游戏设计的副本和关卡获得知名度和玩家们的认同，这让他们体验到了成功的荣誉感，使他们心甘情愿地把自己“泡”在网络的世界里。

因此，当父母发现自己的孩子沉迷于网络无法自拔时，不要一味地责骂孩子，要多了解孩子的内心需求，多与孩子沟通，抽出时间陪伴孩子，帮助留守孩子理性地接触网络，要相信孩子的自制力。

在网络中，除了能玩各种各样的游戏，留守孩子还能结识很多朋友，这些朋友天南海北，什么地方的都有，能让他们了解很多自己不知道的有趣知识。但因为这些朋友只存在于网络中，如果父母不正确指导的话，很有可能让孩子混淆网络和现实之间的关系，比起现实生活，留守孩子可能会更重视网络中的交友活动。

王雷是济南一个中学的男生，学习成绩很好，去年还参加奥林匹克赛得了奖，不但受到了学校老师的表扬，还得到了父母的重奖——一套高配置的台式电脑和一部时尚的苹果手机。王雷的父亲是当地一个成功的商人，母亲也有自己的工作室，虽然家里经济条件很好，但父母并没有宠着他，而是鼓励他积极上进。从小就很听话的王雷也明白父母的好心，在学校一直学习都很努力。

这次，奥林匹克赛获奖后，王雷得到了他梦寐已久的礼物，暑假里，不喜欢运动的他开始畅快地玩起了网游，父母也为他这么省心而高兴。

在网络中，王雷结识了不少朋友，他为自己能在短时间内认识到这么多的朋友而高兴。特别是他和一个名叫小雪的女孩很聊得来，只要上线就会聊大半天，在对方下线时他还常常有意犹未尽的感觉。随着聊天的深入，他更进一步地“了解”了女孩的情况。

原来小雪因为家境较差，和王雷同龄的她不得不放弃了学业，只身来到大城市打工养家，性格有些内向的她不善于和周围的人交流。

王雷很快就喜欢上了这个坚强的女孩，一个多月后，王雷在网上向小雪求爱了，不久小雪扭捏着答应了。初恋中的王雷为了减轻自己女朋友的负担，时不时地把自己积攒的零花钱都给她寄过去，在小雪感激中，王雷像是找到了自己的价值。随后的日子，两人的联系越加密切，但每当王雷说去看她时，她总以路途远，学业为重劝他以后再来，这令王雷更加感动。但小雪总是以各种各样的理由向他借钱，他都会如数汇过去，后来没钱了只好向父母要。

父母这才发觉儿子不对劲，感觉他可能是被网络上的感情骗子欺骗了。而事实也正是如此，父母报警后，警察通过技术手段锁定了小雪的地址，最终在千里之外找到了这个人。面对警察的询问，小雪才坦白自己已经25岁，好逸恶劳的她用编造悲惨家世的方法骗了好几个涉世未深的男生的钱了，总额在十万元以上。

得知真相后，王雷非常伤心和自责。在父母和警察的开导下，他终于明白了一个道理：网络世界不等于现实生活，稍有不慎就会上当受骗，感情更不能在网上谈。

网络中的诱惑是多种多样的，涉世不深的王雷在无意中落入了小雪的爱情陷阱，他不仅付出了真情，还损失了钱财。网恋，就是在网络上结识异性进而发生的恋情，这种新的恋爱方式在很多孩子眼中有着神秘、新奇的特点，很“潮”很吸引人。殊不知，在它迷人的外衣下有着重重危险，社会阅历不足的孩子稍有不慎，就会受到伤害。父母在孩子刚接触网络时，就应该把这些利害关系告诉孩子，让孩子增加对网络的客观认识，避免上当受骗。

面对“搭讪”，教孩子学会保护自己

对于父母而言，孩子的安全与健康永远是他们心中最大的牵挂。尤其是独自生活的留守孩子，父母更担心孩子会遇到坏人，被陌生人欺骗。可父母并不能时时刻刻守在孩子身边，所以为孩子的安全担忧是难免的。而事实上，我们的周围的的确确发生着不少安全事故，这迫使父母不得不更加提高警惕，多向留守孩子灌输一些自我保护的意识和方法，让孩子学会自我保护。

刘楣读的小学是寄宿制的，每个周末才能回家一天，这天放学，刘楣发现妈妈没有来接她，便心想：反正学校离家不远，我已经上小学了，能自己回家。

于是，刘楣一个人高高兴兴地朝她家所在的方向走去。可是，走到半路上，有个中年男人开始跟着刘楣。刘楣走路速度慢，所以那个中年男人一直走走停停，始终没有走到她前面。等刘楣走进小区，那个男人便主动迎上前来说自己也住这个小区，然后问刘楣家是几栋几号。

原本，以刘楣活泼开朗，又没有太多心眼儿的性格，她可能会将自己家的门牌号如实告诉那个中年男人。可正当刘楣要开口时，身后一个熟悉的声音传来：“楣楣，你站在这里干什么，怎么不回家？”是刘楣的爸爸在说话。

刘楣转头看到了爸爸和他的几位同事，然后笑着说：“没什么，这位叔叔想知道咱们家在哪儿。”

这时，看到刘楣的爸爸和他身边另外几个健壮的男子，那个中年男人立马灰溜溜地往小区门外跑，边跑还边说："哎呀，突然想起来我还有事，先走了！"

这件事给了刘楣爸爸一个警示，他觉得有必要加强刘楣的自我保护意识，让她对陌生人提高警惕，如果再有像今天这样的事情发生，而自己不在孩子身边，后果将不堪设想。

刘楣是幸运的，虽然不知道那个中年男人有何企图，但她的爸爸的及时出现避免了不安全事件的发生。可是，幸运之神不一定永远守护着刘楣以及其他每一个小朋友，所以父母应该及早让孩子学会自我保护，才会避免或减少意外伤害。

孩子的生活经历和人生阅历有限，很多时候无法意识到自己是否处于危险之中。所以，日常生活中，父母应时常告诉孩子什么是危险，他有可能遇到哪些危险，并教会他如何避免这些危险。父母还应想办法提高孩子的灵敏度，让孩子养成良好的生活习惯，加强自我保护。

另外，父母还要训练孩子随机应变的能力，让孩子在遇到危险的时候，能很快地做出反应，来保护自己。

男孩周哲是一名住宿生，每周要回家的时间，都会等妈妈来接他。

又是一个周末回家的时候，周哲正在学校门口等妈妈来接他放学，妈妈说要给他一个惊喜，可等了很久，周哲都没有看到妈妈的身影，而天渐渐黑了，学校里的学生和老师也都走得差不多了，周哲有些懊恼地说："什么惊喜要等这么久啊。"

正在这个时候，他却听到有人笑着说："我就是惊喜啊，你家里人让我来接你回家。"

周哲抬头一看，是个中年妇女，他皱了皱眉头说道：“是我妈妈让你来接我的？她怎么不亲自来？”

“对，是你妈妈让我来接你的，她临时有事，耽误了，还说让我来接你，给你一个大惊喜呢，走吧。”

“惊喜？有事？”周哲的妈妈是全职太太，每天在家除了做饭打扫卫生，就是去健身房练瑜伽，临时有事的概率实在是太小了。

周哲留了一个心眼，说：“哦，那肯定是她工作太忙了，最近我都没怎么看到她，今天让她来接我放学，也是我求了半天她才答应的，没想到又爽约。”

“没办法，你妈妈工作忙嘛，她也很愧疚，所以才让我来接你的，那边是我的车，咱们上车吧，我送你回家。”

“谢谢阿姨。”周哲虽然嘴上这样说，心里却咯噔一下，心想，坏了，可能是遇到坏人了。但现在周围没人，学校的保安不知道去哪里巡逻了，妈妈也不见身影，万一她把自己硬拉上车可怎么办啊。

突然，他看到地上的砖头，灵机一动，心里有了主意。

“阿姨你等一下，看门的老头总是欺负我，我去戏弄他一下，然后咱们马上开车跑。”

“好啊好啊。”中年妇女点头说。

周哲拎着砖头往学校里跑，但并没有停在保安室，而是来到校门口的一面大铜钟面前，离得远远的，把砖头用力砸了上去，巨大的钟声很快响起来了，不一会儿，两三个保安就跑了过来。

“同学，别跑，损坏学校公物，是要受处分的。”

“我不跑，肯定不跑。”周哲还真乐呵呵地跑向了保安，等跑到他们身边时，才小声说：“大哥哥，门口那个人我不认识，但她说是我妈妈的朋友，非要带我走，那辆车也是她的，我害怕，所以……”

“原来是这样啊，你可真聪明。”保安哥哥摸了摸他的头，向同事使了个眼色，一起走向了门口的中年妇女，那人见情形不对，想钻回车里跑走，却被保安几步追了上去，报警后被警察抓走了。

这时，周哲的妈妈才姗姗来迟，手里还拎着一个大蛋糕，说：“周哲，生日快乐，这是妈妈亲自给你做的蛋糕哦。”

“妈，你今天已经送给我一份‘生日礼物’了。”周哲傻笑道。

每个人都会遇到一些自己无法控制的事情，如果留守孩子不学会面对突发事件的应变能力，那就很可能要承受损失或者受到伤害了。只有具有灵活的应变能力的孩子，才能在危险来临时灵活变通，找到合适的自救方法，所以，为了将突发事件可能带来的损害降到最低程度，父母应在平时生活中多重视对孩子应变能力的训练，培养孩子临危不乱的心理素质，让孩子不要主动和陌生人说话，远离意外，远离危险。

教孩子不与人斗气打架，远离暴力伤害

在和谐温馨的家庭氛围中成长的孩子，会具有浓郁的爱心，而且比较自信，性格也很阳光。而长期生活在单亲家庭或者是留守孩子就可能变得比较情绪化，甚至会因为一些小问题就与人大打出手，具有暴力倾向。

日常生活中，我们也常会听到一些父母抱怨孩子天天闯祸，不是不好好学习就是打架闹事。在抱怨这些事情的时候，父母们有没有想过，也许是因

为父母没有给孩子创造一个温馨的家庭环境才造成的这一现象呢。

孩子表现不好，父母首先要自我检讨，多抽时间陪在孩子身边，并努力为孩子创造一个温馨的成长氛围，让孩子快乐地成长。

卡卡太淘气，总是不断惹事打架，为了管束他，父母把卡卡送到了寄宿学校，但今天他在学校也闯祸了，因为一件小事他把隔壁班的学生打得头破血流，班主任吓坏了，赶紧叫来了卡卡的妈妈。

“老师啊，我们家卡卡又打架了？”卡卡的妈妈走进办公室后担心地问道。

“这次比较严重，把那个同学打成了重伤，对方的父母不依不饶的，处理起来很麻烦啊！”老师叹着气说。

卡卡的妈妈听了顿时就火冒三丈，抓起放在办公桌旁边的扫帚就打了卡卡一顿，而且边打边骂：“小兔崽子，成天给我们找麻烦，我上辈子欠你的吗，你这么折磨我，我哪里对不起你了……”

“卡卡妈妈，快停手，你这样打孩子是不对的！”老师赶紧阻止她。

“老师，您在学校以说教为主，我在家以体罚为主，这样教育才能起作用，不然，这个小兔崽子就要上天了。”卡卡的妈妈说话时都气喘吁吁的。

“卡卡妈妈，以后可别再这么打孩子了，您打了十几年了，可是卡卡并没有成为您心目中的好学生啊。”老师看着可怜兮兮地站在一旁的卡卡，心里有一种说不出的难过。

老师决定到卡卡家家访，但卡卡却说：“老师，您还是别去了，省得吓着您。”

“为什么，你们家很吓人吗？”老师问。

“我们家很……暴力。”卡卡说道。

老师以为是卡卡不想让她去家访，便笑道：“看你说的，你们家难道是菜市场啊。”

卡卡没有说话。

到了卡卡家后，老师刚一进门就看见满屋子的人，而且烟味、酒味很重，原来，卡卡的妈妈在家里设了几张麻将桌，每天都有人在他们家打麻将，而且说话声音很大，有些人一不如意，就会动起手来，果然充满了暴力因素。

老师看了看卡卡，这才明白他为什么经常抽烟、打架。在这么混乱、吵闹的家庭环境下成长，很少会有孩子能做到品学兼优。

家庭环境对孩子的成长有很大的影响。事实证明，在压抑、吵闹的家庭环境中成长的孩子，往往忧心忡忡，而且精神负担很重，孩子很容易有暴力倾向，喜欢打架。如果父母不及时找到原因并对家庭环境加以改善的话，孩子的心理成长、个性形成以致前途等都会受到不良的影响。

想要为孩子创造一个和谐温馨的家庭环境，父母首先要做的就是优化家庭关系。如果夫妻之间经常闹矛盾，当着孩子的面大吵大闹，就会影响到孩子，哪怕孩子不经常在自己身边，父母也会在某些时刻把家庭中真实的一面暴露出来，给孩子带来巨大的打击，让孩子变得有暴力倾向。

所以，想让孩子远离暴力行为，父母就应该先克制自己的不良情绪，努力为孩子营造一个温馨的生活氛围，并教育孩子，不要总是和人争斗，必要的时候，还要学会淡然看待生活中的“吃一点亏”，学会以和为贵。

小学时，王蒙一直是班里的学习委员，但升入初中后，在竞选学习委员时老师点了另一位男同学的名字，忽视了王蒙举起的手。这让王蒙对那位男同学怀恨在心，总想揍他一顿出口恶气。

这一天，王蒙终于找到了机会。老师让学习委员代表全班去看望一位生病住院的同学，王蒙偷偷跟在了学习委员的后面，等他拐到一个没人的小巷时，王蒙随手从地上拎起一个东西，就朝学习委员的头上砸了过去。

王蒙本来是想教训一下学习委员，但没想到抓到手里的竟然是一块结实的板砖，这一砖头砸下去，学习委员马上满头是血，王蒙瞬间吓愣了，不知道该做何反应。直到有人路过帮忙叫了救护车，他还没反应过来，一切就像是做了一场梦。

结果，王蒙虽然为自己出了口恶气，却付出了惨痛的代价，不仅赔偿了学习委员一大笔医药费，还受到了学校的记过处分，悔时已晚。

父母在教育孩子的时候，应该让孩子明白吃亏是福，要让孩子了解，人和人之间是有差别的，不能只从一个角度拿自己和他人作比较。要了解自己的优缺点，并正确看待自己和别人的关系，不要总是和他人斤斤计较，更不能意气用事，稍有不满就暴力相向，企图以武力解决问题。

为了让孩子远离暴力行为，在日常生活中，父母要注意营造一个良好的家庭环境，让爱、尊重和民主成为家庭的主旋律，伴随孩子成长。在一个充满爱的家庭中成长的孩子，他的心中就会充满爱，爱父母、爱老师、爱朋友等等，在爱的鼓励下，孩子的品质和成绩都会更出色的。

让留守孩子远离娱乐场所的诱惑

现在，越来越多的娱乐场所出现在人们面前，除了成人，还有很多孩子也偷偷出现在这些娱乐场所，借着各种狂欢，来释放学习和生活上的压力。在这其中，留守孩子更是成为娱乐场所的常客，因为他们缺少父母的监督，时间更自由。但是，这些孩子毕竟是未成年人，应该利用大好时光用功学习，做适合学生做的事情，而不是泡在娱乐场所。所以，父母应在平时多教育孩子，让孩子自觉远离娱乐场所。

黄月是一名高中生，因为父母工作忙，很少有时间管她，她就经常泡在酒吧里消磨时间，用来缓解学习上的压力。

这天晚上，她又像往常一样去了常去的酒吧，一直聊天喝酒，到了深夜两点多才有了困意，起身想要回家。

这时候，一名男子举着酒杯走过来和她搭讪。黄月想，反正都已经晚了，再多聊一会儿应该也没事，就坐下来，和男子聊了起来。

男人告诉她，自己姓刘，是外地人，现在正在本市做生意，是个小老板，特别喜欢交朋友，希望能和她成为朋友。

“我还认识一个朋友，他是KTV的经理。我们去他那里K歌可以打折哦。”男子说。

在男子的怂恿下，黄月就和男子一块去了那家KTV。

KTV里，那位经理朋友表现得非常热心，不仅免费让她使用一间大包厢，还怕她和刘姓男子独处会尴尬，就又喊来了一些男女，让他们一起唱歌。

很快，一群年轻人就玩儿到一起了。这时，刘姓男子叫了几杯饮料，大家边喝边唱，十分尽兴。但唱了没一会儿，黄月突然觉得身体很不舒服，像要喘不过气一样。

她突然意识到不对劲，肯定是有人在饮料里动了手脚。于是，她赶紧借口上厕所，然后掏出手机报了警。

很快，警察赶来救下了快要失去意识的黄月。

很多娱乐场所环境复杂，龙蛇混杂，发生什么事都是有可能的。不少留守孩子去酒吧可能是为了和好朋友聚会，也可能是去解闷，但假如孩子是一个人去酒吧，那很容易就会成为酒吧里一些危险分子眼中的猎物，遭遇危险。所以，父母要经常教育孩子，要远离娱乐场所，如果想要去“见识”一下所谓的酒吧，也要有父母的陪伴，或者是选择比较正规的场所，和朋友们一起去会更安全一点，千万不要让孩子单独出现在娱乐场所。

在娱乐场所里，孩子尽量不要独处，不要让自己置身于比较显眼的位置，也不要独自坐在黑暗的角落里。这些位置都容易引起别有用心的人的注意，让他们发现并来搭讪孩子。父母要多教孩子一些预防坏人的方法，一旦发现不对劲，应该马上离开或者是报警，避免意外的发生。

另外，当孩子去娱乐场所时，父母一定要交代孩子，千万不要食用开封过的不明物品，这些东西很可能是不法分子所带来的另一样危险的物品——毒品。

随着时代的发展和精神文明的提高，我们的社会虽然正在不停地发展和进步中，但也出现了很多负面的杂音。比如，毒品。因为吸食毒品可以产生一定的幻觉，能让孩子暂时忘记学习的压力和生活的痛苦，一旦接触，就有可能会上瘾，最后危及身心健康甚至丢掉性命。

王晓霞今年开始读高中，并住在学校，十六七岁的她正值青春年少。有一天，她从同学手里得到了一包白色的粉末。

“这是什么？”王晓霞问同学。

同学看了她一眼说：“毒品都不认识？这是好东西，能减肥的。”

“减肥？真的吗？”王晓霞问。

原来，王晓霞一直想要保持苗条的身材，但她是那种喝水都会长肉的体质，一直在寻找好的减肥方法。

但她还是有些胆怯，对同学说：“这可是毒品，万一上瘾了怎么办？”

“不会的，你每天只吸一点点，肯定不会上瘾。”同学说。

王晓霞抱着怀疑的态度，试了试，发现并没有出现什么不良后果，而且一开始，真的是她想吸就吸，不想吸的时候也完全没有瘾。

最重要的是，王晓霞真的变得越来越瘦了。但是她却发现，自己的食量变少了很多。以前能吃一碗饭，现在只要一小口，就吃不下去了。

一年以后，王晓霞虽然“减肥”成功，却再也离不开毒品了。以前并没有任何毒瘾的她，现在毒瘾很大，她可以三天不吃饭，但不能一天不吸毒。

日常生活中，最常见的毒品有海洛因、摇头丸和冰毒。摇头丸就像一般的小药丸，每次服用只要超过五颗，就有可能致人于死地。冰毒的危害比摇头丸大多了，人只要服用2～3毫克，就可能毙命。可见，毒品就像老虎一样凶猛，随时随地都能要人的命。

不要以为这是危言耸听，毒品这样地“诱人”，也是这样地害人。父母在孩子开始接触社会的时候，就应该把毒品的坏处告诉孩子，让孩子自觉地远离这些东西，更要教育孩子，不要相信所谓的“吸毒能减肥”、“只吸一点不会上瘾”等谎言。

要知道，一旦染上毒瘾，除了难戒除，还容易引发各种疾病，对孩子的身体健康带来巨大的危害。以冰毒为例，冰毒是一种新型的毒品。在孩子刚开始吸食冰毒时，和正常人一样，但实际上在吸食的过程中，冰毒已经对孩子的中枢神经造成损害了。随着吸食时间的加长，吸食量的加大，冰毒对孩子的危害也就越来越明显、越来越严重。常见的表现有：情绪激动、易怒、妄想、偏执狂、出现幻觉甚至产生杀人的倾向。严重时，甚至还会昏迷致死。所以，为了孩子的身心健康，父母一定要教育孩子远离毒品，并尽可能地不出现在娱乐场所，以免被人欺骗，使自己的安全受到威胁。

避免性侵害，莫让花朵过早凋零

青春期的女孩娇艳美丽、活泼动人，很容易吸引异性的目光和注意力，也很容易获得他人的好感。但是这个年龄的女孩对是非判断还比较模糊，心理发育尚不成熟，很容易被骗，甚至犯一些人生中的大错。当异性对她们示好时，她们通常不懂得拒绝对方，这经常令父母担心。住在父母身边的女孩父母还能多看管着孩子一点，如果女孩是住校或者是留守孩子，面对有可能出现的危险，该怎么解决呢？

阿美是一名住校生，一直以来，在老师同学的眼中，阿美都是一个内向乖巧的女生，而且阿美长得非常漂亮，平时有不少男生主动接近她。但阿美在学业和父母的压力下，还从来没有和男生真正接触过。

一天，阿美正用QQ和好友聊天，突然一个非常熟悉的QQ头像跳动了起来。

“阿美，在吗？”

“在啊，你怎么突然来了？”

“我今天休息啦。”

这个人是阿美半年前加的好友，阿美叫他李哥，两个人虽然谈不上知己，也基本上是无话不谈。

“阿美，你想过见面吗？”

不一会儿，QQ头像又跳动了。

阿美看到这句话，虽然被吓了一跳，却也有些心动，毕竟这是网络世界，而且爸爸妈妈和学校老师天天都在说不要和网友见面，所以阿美也从来没有想过见任何网友。

“你不会害怕了吧。”

“怎么会！”

“我知道哪里有舞蹈表演，我带你去看看，你也好学习一下啊。”

阿美一想到有舞蹈表演，心想：也好，就当一起看场演出，反正人那么多，再说和李哥也不算陌生了。就答应和他见面了。

两人约好了见面地点后，阿美出门了。

坐上去往见面地点的公交车，阿美的心里非常复杂，她突然有些后悔，她想回家，可是想到去看舞蹈表演，阿美又十分期待。

见到李哥后，两个人好像认识了很久一样，聊得轻松愉快。

两人有说有笑地看完了舞蹈表演。李哥还带阿美去吃了小吃，并又一起去看电影。李哥把阿美带到了一个包间，突然一改之前的彬彬有礼，而是关了门，冲上前来一下抱着阿美对她进行各种骚扰。

阿美一下子被吓哭了，她用最大的力气推开了李哥，没命般地逃出了包厢。

出了电影院大门，阿美赶紧打车回了学校。

在教育留守女孩时，父母应该告诉她，喝醉酒的人从来都会说我没醉，同样的，坏人也不可能会把“坏人”两个字写在脸上，更不可能轻易显露出自己的本性。这些坏人非常善于用花言巧语伪装自己，对于涉世未深的女孩来说，常常会因此失去了自己的判断力，认为这样的朋友才是真正了解自己的，因此就放松了警惕，让坏人有机可乘。

田薇薇是个爱玩的女孩子，每天都会和同学们玩到晚上十点多才回家。父母因为工作忙，也没注意到她每天都回来这么晚。偶尔发现了，她都会说：“我都是和同学们在一起，她们都不回，我要是早回来，太不合群了。”

一天晚上，田薇薇和同学们约好了去看流星雨。但是流星雨要晚上十点后才会出现，为此田薇薇犹豫了很久要不要去。但想到同学们都说去，她也就放下了心，想着四五个人在一起，总不会出意外吧。

但是，谁知道当天晚上有两个同学生病了没来，还有两个人嫌太晚，没有出来。只有平时和她最要好的同学陪她出来了。

“要不，咱们也回去吧，太晚了。”同学说。

田薇薇却觉得如果就这样回去太没面子了，就摇头说：“怕什么，这里这么多人，难不成还害怕被人卖了啊。”

同学笑了笑，但还是说：“真抱歉，我得回去了，太晚了。”

“你胆子真小，那我自己看，明天羡慕死你们。”

送走了同学，田薇薇正准备拿出望远镜望向天空的时候，一个身穿警服的“警察”走了过来，对她说：“这么晚怎么还不回家？拿出身份证检查。”

田薇薇出门并没有带身份证，就不安地说：“我没带，我只是来看流星雨的，又不是做坏事。”

“这大街上都是看流星雨的人，谁知道你是不是来乘机作案的，现在小女孩出来偷东西的越来越多，我们得巡逻检查。”“警察”一本正经地说道。

“可是我没带身份证……”

“那你跟我回警局一趟，或者去你家里，把身份证拿来让我们看一看。”说着，“警察”就开始推她，想把她推进旁边的一辆轿车里。

“警察”一边推她一边说：“快点，我们还要回来继续巡逻呢。”

“这不是警车！”田薇薇看到车子的时候，疑惑了，心想，自己不会是遇到坏人了吧。

“警察都在巡逻，哪里有那么多警车！你快点上车，别耽误我们办公事。”“警察”不停地催促她。田薇薇马上感觉事情不对劲儿，她想逃跑。可刚一抬脚，就被人抓住了。原来车上还有一个男人。

男人说：“小姑娘，没身份证可跑不了哦。”

田薇薇马上大声呼救，但她不知何时已经被男人开车带到了一条黑暗的巷子里，四周静悄悄的。

“警察来了！”突然，空旷的巷子口传来一声呼喊，两个男人吓了一跳，松开田薇薇就跑了。

田薇薇以为是自己的呼救引来了警察，想喊一声好让警察叔叔送她回家，但她此时已经吓得腿发软，根本立不起来。

等了好一会儿，田薇薇都没等到警察过来，不由得更加害怕起来。

这时候，从巷口走过来一个大妈，对田薇薇说：“孩子，刚才是我吓唬他们的，现在他们已经吓跑了，你也快回家吧，晚上坏人多，以后别一个人出来了。”

“嗯，大妈，谢谢您……”田薇薇又感激，又害怕，呜呜地哭了起来。

从那以后，田薇薇再也不敢太晚回家了。

现在，有不少女孩一上初中、高中，就觉得自己已经长大了，不需要事事都向父母报告了。而且，女孩也觉得应该自己来支配时间，不能总听父母的安排。于是，就喜欢大半夜出去玩，甚至是夜不归宿。

所以，父母在教育女孩的时候，一定要把利害关系讲清楚，告诉女孩哪些行为应该有，哪些行为要避免出现，不要因为贪玩而失去警惕性，让危险发生在自己身上。

教孩子一些预防意外和自救的方法

通常情况下，生命个体都会经历从出生、成长到死亡的一系列过程，而生命种群也会随着自然选择不断进化以适应环境。总而言之，生命就是物质系统。

每个人的生命都是有意义的，青少年只有尊重和珍惜生命的价值，热爱生命，才能逐渐融入社会这个大团体中，树立积极、健康、正确的生命观。

最近，有一个简单却又复杂的问题困扰着夏森，这个问题就是：什么是生命。

作为一名虚心求学的初中生，夏森当然在课本上学到过关于生命的知识，但是他还是会疑惑，难道生命真的只是那些像人类、动物、植物这样活生生地存在于现实生活中的事物，才能叫作生命吗?

他问同学："你说，咱们脚底下的土地，有生命吗？"

同学说："土地怎么会有生命呢，那不变成神话了，难道你还希望从你脚底下跳出一个土地神？"

"可是我认为世间万物都有生命，不只是局限于人类、动物和植物。比如，我们可以想象，山洪暴发是因为大山对我们的破坏行为感到生气，来惩罚我们的。地震是因为大地的愤怒。洪水是因为……"

“别说了，你知道我胆小的，再让你说下去，就连我推着的自行车都要有生命，没准一会儿就会报复性地让我摔一跤。”

“哈哈，有可能哦。”夏森哈哈大笑起来。

但他心里的疑问还是没有得到解答。

这两天，又有一个新的名词出现在了夏森的眼前——生命教育。

原来，学校为了让他们学会独立，变得有毅力，重视生命，特意安排了一次生命教育的讲座。

一个问题没弄明白，又出来一个新的问题，生命教育又是什么玩意儿啊？夏森很纳闷地想。

在科学界，生命泛指有机物和水构成的一个或多个细胞组成的一类具有稳定的物质和能量代谢现象、能回应刺激、能进行自我复制或繁殖的半开放物质系统。但是，我们依然很难给生命定出一个科学的定义，虽然我们能一眼就可以区分出什么东西是有生命的，什么东西是没生命的。

生命对于我们人类来说，具有非常重要的意义，而在生命面前，又会出现很多的意外和危险，不时地侵害着我们的生命安全。

俗话说，“人在江湖飘，哪有不挨刀”。在日常生活中，各种各样的意外，随时都有可能“光顾”我们，尤其是对于父母不能时刻守在身边的留守孩子，出现意外的危险会变得更多。比如，交通事故、意外摔伤等。

在一则报道中，有过这样的描述。

“当时天正下雨，车上的乘客很少，公交车的反光镜比较模糊，所以事发时的具体情况司机也不清楚。而受害女生小陆是某师范大学人文学院对外汉语专业大四学生。据了解，她性格活泼开朗，很爱笑，最近这段时间大家都在忙着找工作，她已经通过了一家公司的笔试，前天回学校是为了准备第二场面试。那天，雾蒙蒙的，一直在下雨，车里乘客不多，进入下沙后乘客更少。12：35，公交车在下沙学源街文海路站停靠后小陆下车，惨剧就在那一刻发生……虽然事故发生后，小陆马上被送往了医院，但她还是永远地离开了我们。后来，据医院的工作人员说，死者身上出血点较多，并有多处骨折。”

另外还有一篇报道。

一位19岁的女孩因为溜冰摔倒，造成重型颅脑损伤。虽然当时她马上被同事送进了医院，但她已经昏迷，头皮破裂出血，瞳孔散大。经抢救，女孩的生命虽然保住了，但颅脑受到严重损伤，出现了外伤性蛛网膜下腔出血、脑挫裂伤、左侧肢体偏瘫等症状。

在生活中，孩子也有可能遇到很多意外伤害。比如，摔伤、割伤、烫伤，还有坠楼事件等。现在人们居住的楼层越来越高，而且大多是落地窗，有时候稍不留意，就有可能发生坠楼。

当父母不在身边，如何让留守孩子远离意外呢?

首先，父母应该教育孩子学会冷静处理问题。不管遇到什么样的事情，冷静思考都是最重要的。父母要让孩子了解事故的危害。在日常生活中，父母要经常和孩子谈论一些突发事件，借机让孩子明白其中的危害。此外，父母还应该加强孩子的安全意识，让孩子清楚出现事故和火灾时的求救电话，以备不时之需。

其次，父母还要教孩子学会应对突发事件。虽然事故不是每天都发生，可一旦出现，就会带来严重的危害。所以，在生活中，父母教孩子学会应对各种意外情况，减少伤害是很有必要的。

再者，父母还要教孩子多注意一些日常生活中的小事，避免在日常小事中出现意外。比如，教孩子学会正确有序的穿衣方式，告诉他增减衣服的规律，可以帮孩子有效预防感冒。督促孩子规律饮食，吃饭时不让孩子嬉笑打闹，可避免异物进入气管，保护身体内各器官不受损害。告诉孩子多喝开水能使身体健康，行走时手不插兜易使身体保持平衡，公共场合不能离开父母以免走失等。

虽然这些看起来都是一些平常的小事，但稍不注意，就有可能发生意外，是影响孩子安全与健康的大事，一不小心就有可能酿成大祸。在这些方面，父母千万不能掉以轻心，要让孩子了解，意外随时可能会出现在自己身边，要时刻保持警惕，这样才能在意外来临时，灵活变通，尽可能地减少可能受到的伤害。

第十一章
隔代教育，要讲求好的效果

如今，越来越多的父母因为工作忙碌，把孩子交给了长辈照顾。虽然这一举措解决了照看孩子的问题，但也带来了很多弊端。比如，长辈溺爱孩子、教育理念不一致导致家庭失和等。在这种摇摆不定的情况下，孩子的教育工作很难进行下去。因此，统一理念，提前商量好教育方式，才能收到更好的家教效果。

隔代教育，首先要全家统一理念

如今，越来越多的父母因为工作忙碌，把孩子交给了长辈照顾。虽然这一举措解决了照看孩子的问题，但也带来了很多弊端。比如，长辈溺爱孩子、教育理念不一致导致家庭失和等。隔代抚养也会让孩子感到为难，父母一种教育方式，爷爷奶奶又是另一种教育方式，孩子到底该听谁的呢？在这种摇摆不定的情况下，孩子的教育工作很难进行下去。

孟小新是一名男孩子，因为父母工作太忙，就把孟小新的爷爷奶奶接来，帮助他们照顾孟小新。

因为孟小新是独生子，爷爷奶奶都特别疼爱他、宠溺他。不仅走路怕他摔着，吃饭都怕他噎着，真恨不得一天24小时守在他身边，护着他、照顾他。本来孟小新的爷爷奶奶只是想尽可能地保护孟小新，但随着孟小新的成长，他变得越来越难以管教，不仅爱顶撞家长，还很霸道，想要的东西无法得到时，就大哭大闹，直到得到想要的东西。对周围的人，也很没有礼貌。孟小新的父母这才惊觉，长辈的教育方法出现了问题。

有一次，孟小新的爸爸带着他去超市买东西，他看到一个毛绒玩具十分喜欢，就吵着要买，爸爸认为他的玩具不少了，而且这类玩具是女孩子们玩的，就没同意，拉着他回了家。这下可不得了，孟小新一直从超市闹到家，又哭又闹地嚷嚷道："爸爸是坏蛋，不给我买玩具，我再也不喜欢爸爸了，我要去找爷爷，爷爷肯定会给我买的。”

“这次是爸爸不好，爷爷带你去买，好不好？”爷爷听到孙子受了委屈，连忙跑过来又哄又劝，还拿出孟小新最爱的零食来诱惑他，但爸爸觉得这样惯着孩子不行，就不让爷爷带他出去买玩具。

孟小新这下更恼了，不仅不依不饶地闹着，还甩手把零食拍到了地上，一不小心，用力过大，把爷爷也推倒了，老人一下子失去平衡，摔倒在地。

孟小新的妈妈吓得赶紧把老人扶起来送进了医院。医院里，她愁眉苦脸地看向早就吓呆的儿子，连连叹气：“儿子怎么变成这样了呢？看来，以后不能再让孩子的爷爷奶奶照顾他了，会惯坏的。”

如今，很多家庭都只有一个孩子，生活水平也有了很大提高，正因为如此，父母就更显得繁忙，没有时间照看孩子。于是，很多父母就把孩子交到了长辈手里，殊不知，隔代教育很容易出现溺爱的问题。大部分长辈都舍不得自己的孙辈吃苦受累，不仅会给孩子优越的物质生活，还会一味地迁就孩子的不良行为，甚至明知孩子的行为是不对的，也不忍心加以责怪。长辈对孙辈过度的疼爱就是溺爱，长期如此，不仅会造成孩子的自理能力差，还会影响到孩子今后的成长，导致孩子凡事以自我为中心，他们会认为凡是自己想要的东西就应该得到。如果父母不答应，孩子就会跑到爷爷奶奶面前，让爷爷奶奶帮自己做主。结果，爷爷奶奶一出面，父母的工作就无法展开了。

所以，父母在把孩子交到长辈手里之前，就要和长辈沟通好，统一教育理念，不让长辈过于宠爱孩子。父母要让长辈明白，溺爱孩子只会让孩子变得蛮横无理，对孩子的成长没有好处。把利害关系讲清楚，在取得长辈的谅解和配合后，再把孩子交给长辈。这样一来，就算以后长辈的教育工作出现了问题，父母也能及时地纠正过来，不至于和长辈失和，引起家庭矛盾。

很多长辈之所以宠爱孙辈，是因为面对孩子的眼泪容易心软。长此以往，孩子就会发现长辈的这一“弱点”，并在自己需要的时候加以利用。这是令父母和长辈都比较头疼的问题。其实，父母可以让长辈尝试一下在孩子下次哭闹的时候不予理会，等到孩子安静下来不再哭闹的时候，再问孩子需要什么，渐渐孩子就会明白哭闹不是万能的，巧妙地拒绝孩子的不合理要求。

父母要和长辈多沟通，告诉他们在溺爱中成长的孩子就像温室中的花朵，总是被人呵护着，没经历过风雨，时间久了，很小的困难就会把他们击败。他们肯定也不希望自己的孙辈长大后风一吹就倒，一点也不坚强。

不过，不溺爱孩子也不代表要严厉地教育孩子。在管教孩子时，父母和长辈要宽严相济，当孩子犯了原则性错误时，长辈除了要给予一定的惩罚，还要适当地说理，让孩子在被惩罚中学到教训，在讨论中接受批评。

“奶奶，我想出去玩儿一会儿。”王小花最近一直住在奶奶家，此时她学习累了，想出去玩一会儿，奶奶却严肃地说：“不行，在家里复习功课！”

“可是，我已经写了一天的作业了，想休息一会儿。”王小花觉得很委屈。

“你现在出去玩，你的同学们都在努力学习呢。你已经上初中了，如果不努力，怎么能考上重点高中呢？考不上重点高中，你还有希望考上重点大学吗？好好想想吧！而且，我已经和你爸爸妈妈说好了，一定要严格教育你，不能溺爱。”奶奶认真地说道。

“好吧，我知道了。”王小花说着便回到了卧室，她翻开书，眼睛却看着窗外玩得很高兴的同学，不一会儿眼泪就顺着脸颊流了下来。

隔代教育不能溺爱孩子，但绝对不是过分严格地要求或者批评、训斥孩子，这样做只会让孩子变得害怕父母和长辈，一开始还会因为害怕而听话，逐渐就会变得叛逆，不再愿意接受家庭的教育，让孩子对长辈和父母心存不满，导致亲子关系不融洽。

所以，隔代教育孩子，该严时要严、该宽时也要宽，父母在和长辈沟通时，也要考虑到这一点，要坚持宽严相济的管教方法，而不是尊重“打是疼，骂是爱，不打不骂要变坏”的教育理念。如果把孩子管得太严，不但会束缚孩子的性格和心理发展，还会让孩子对家人产生恐惧心理，从而疏远家人，最后得不偿失。

长辈不要在孩子面前说父母的坏话

在孩子的心目中，父母的形象总是高大、博学，令人敬佩的。可是很多长辈在孩子面前总是喜欢说孩子父母的坏话，比如，“你爸小时候做了什么什么事”、“你妈都不来看你，肯定是不要你了”、“他们都是坏人，只有奶奶最疼你”之类的话，会让孩子变得不再信任父母，使父母的教育工作难以进行下去。

方圆圆现在跟父母和奶奶住在一起，父母工作忙，平时只有奶奶陪在她身边，让她变得和奶奶特别亲近，什么话都听奶奶的。

这一天，刚吃完晚饭方圆圆便开始运动起来。

“刚吃完饭不要运动。”爸爸坐在沙发上一边看报纸一边说。

“谁说的？只要我想运动，什么时候都可以。”方圆圆不听爸爸劝告。

这时候，奶奶走过来，也说：“对，不能听你爸的，他什么都不懂，小时候笨死了。”

“妈，你怎么能在孩子面前说我笨呢。”爸爸无奈地笑了笑，接着对女儿说：“我没有骗你，刚吃饭就运动会反胃，有可能会吐哦。”

“你爸爸说的话从来不可信，小时候总是撒谎骗人。”奶奶忍不住又说起了爸爸的“坏话”。

“是吗，我最相信奶奶了。”方圆圆现在已经到了叛逆期，不但经常和父母唱反调，还总是觉得父母的话都不正确，更何况，她更愿意相信奶奶的话。

“好吧，你随便吧。”爸爸不再说话了。

见爸爸保持沉默了，方圆圆很开心，因为她竟然战胜了爸爸。她在屋子里跳来跳去，做各种瘦身的动作。不一会儿，她突然觉得有点头晕，而且还有一种想吐的感觉。但她不想证明爸爸的观点是对的，便强忍着眩晕感，快速坐在了沙发上。

“已经告诉过你了，刚吃完饭运动会反胃，这就是你不信任我的后果。”爸爸翻了一页报纸，淡定地说。

方圆圆有点不好意思，抬头看看爸爸，又看看奶奶，小声问：“奶奶，那你以前说爸爸妈妈不爱我，只爱工作，是真的吗？我觉得爸爸还是挺喜欢我的。”

“妈，你怎么教育孩子的，怎么能和她说这些话呢。”爸爸吓了一大跳，难怪最近女儿一直情绪不佳，不喜欢跟他说话了。他只是工作太忙，可并没有不爱自己的女儿啊。

每个孩子的心中都有自己的偶像，他们很敬重偶像，而且希望有一天自己也能够像心目中的偶像一样有成就。而基本上，每个孩子的第一任偶像，都是自己的父母。哪怕是父母不得不把孩子交到长辈手里，无法时刻照顾他们，他们也还是会把父母摆在第一位，希望看到偶像的发光点，而不是听爷爷奶奶、外公外婆不停地说父母坏话，破坏他们心中的偶像的形象。

当父母发现长辈总是在孩子面前说自己的坏话时，先不要急着生气或在孩子面前指责长辈，而应该想办法先挽回自己在孩子心目中的地位和威信，这样才能改变孩子的看法，让孩子重新接受父母的教育。之后，父母才应该去和长辈沟通，发现问题并解决问题。

另外，父母平时在孩子面前应该多表现出自己优秀的一面，这样即使因为隔代教育出现了一些问题，也不会让孩子马上对父母的形象产生变化和怀疑。只有优秀的父母，才能让孩子真正信服。

唐·若赛是西班牙著名艺术家毕加索的父亲，他是一位出色的美术教师，当地很多人都称他为“民间画家”。毕加索很小的时候，父亲的画室就成了他玩耍的天堂。他经常摆弄父亲的画笔和颜料，而且还会在父亲的画板上乱涂乱画，因为他希望自己也能够画得像父亲一样好。

一次在学校，同学们互相吹捧自己的父亲，一个说，“我的父亲是镇上最富有的人，一年能挣一万比塞塔。”

“这也没什么了不起的，我的父亲掌握西班牙的所有船只，没有我父亲的允许，你们谁也不能坐船出海。”另一个同学说。

“哼，我爸爸是个将军，你们要不是不听号令，他就可以砍下你们的头颅。”

毕加索听了便说：“你们的父亲都没有我的父亲伟大。”

同学们都看向他，嘲笑道：“难道你的父亲是国王吗？”

“不，我的父亲会画鸽子，画得和真的一样。”毕加索高兴地说。

“哈哈哈！”同学们听了都笑起来，其中还有同学讽刺他道：“如果你的父亲会画皇宫，我们倒是可以认为他是一个画家！”

“我的父亲本来就是个画家，镇子上的人都是这么称呼他的。”毕加索依旧很骄傲地说。

毕加索一直把父亲唐·若赛当作自己的偶像，经常学着父亲的样子画画，通过自己的努力，他真的成了一位伟大的画家和艺术家。而且他经常说：“每当画画时，我就会想起父亲，对我来讲，父亲就是我画画的动力和灵感的源泉。”这就是偶像的力量，这种力量一旦深入到孩子的内心，即使长辈再如何指责父母，说父母的坏话，相信孩子也不会轻易动摇父母的偶像地位的。

解决了孩子的问题后，父母应该抽出时间深入地和长辈进行沟通和交流，看看自己平时是不是真的做得很糟糕，让长辈产生了不满或者是误解。父母要认真听取长辈的意见，长辈也要尽可能地理解自己的孩子，毕竟教育孙辈不是一天两天就能做到的事情，还要两代人共同努力，才能教育好新一代。

我们常说，爱孩子，就要尊重孩子。这里的孩子不仅是指孙辈，还有自己的孩子，也就是孙子孙女的父母。如果你真的爱他，为什么还要让他在孙辈面前颜面尽失呢？如果孩子的父母表现真的很差，让长辈很难不发牢骚，其实想一想，这也是长辈自己的教育方式出现了问题导致的，我们应该改变的，还是自己的教育方法，而不应该把自己的过错，强加到其他人身上。

孩子撒谎，爷爷奶奶不做保护伞

孩子撒谎有很多方面的原因，可能是看到家长撒谎，然后跟着学，这种时候家长不会意识到是自己的问题。还有可能就是家长太严厉了，不是打就是骂，而且孩子即使没有说谎家长也逼着孩子问他是不是说谎了，久而久之孩子索性撒谎了，反正没人相信自己。有时候家长跟孩子在玩的时候喜欢说闹，你骗我啊。孩子一听还当是好玩的，时间长了也就变成习惯了，不能动不动就跟孩子说骗啊说谎啊之类的话语。

但隔代教育的孩子爱撒谎，大多数和长辈的庇护有关系。因为爷爷奶奶害怕孙子孙女受批评，就帮着孩子一块撒谎，并不会告诉他们撒谎是不正确的，所以才让孩子变得谎话越来越多，一开始还是善意的，后来就有可能发展为恶意的谎言，到那时候再后悔就晚了。

莹莹从小和奶奶住在一起，今年读小学一年级，可她特别讨厌去上学，想多和奶奶待在一起，于是周一的早上，莹莹搂着奶奶的脖子问奶奶：“奶奶，我今天不想去上学，能不能在家里陪你玩呢？”

“这可不行，学生就是要去上学的。”奶奶摇头拒绝了莹莹的要求，莹莹不高兴地噘起了嘴，但还是听了奶奶的话，背起书包去上学了。

可上午10点，正准备做午饭的奶奶突然接到学校的电话，说是莹莹在学校突然晕倒，已经送进了医院。

奶奶心急火燎地赶到医院的时候，莹莹已经清醒了，医生检查过后，说莹莹没问题，便让奶奶带着她回家了。

回家的路上，莹莹很高兴地抱着奶奶的脖子，撒娇道：“奶奶，今天终于能和奶奶一起在家里玩了。”

奶奶连连点头，并买了莹莹最爱吃的炸鸡块带回了家。

在家里，奶奶看着活泼爱动的孙女，心里突然产生一个想法：会不会是孙女撒谎故意骗了老师，说自己生病了呢？

虽然有这种可能性，但奶奶还是觉得孙女不会做出这种事情，便笑着摇了摇头，陪孙女玩了起来。

后来，又发生了几次类似的事情，奶奶这才确定，孙女真的是说谎骗了大家。可孙女说谎是为了和自己在一起玩，这又让她十分感动。所以，当莹莹的父母来问这件事的时候，奶奶说：“孩子真的病了，不过有我陪着，会没事的。”

从发育角度看，孩子有时撒谎或编造故事是很正常的，但是长辈的庇护却会助长孩子撒谎之风，让孩子觉得撒谎并不是件坏事，不但不会受到批评，反而能达到自己的目的，就会开始肆无忌惮地说谎话。

所以，想要改变孩子撒谎的毛病，长辈应该先改变自己的想法，不要包庇孩子，应鼓励孩子说真话，即使孩子犯了错误，只要说了真话，就应肯定孩子的做人之道，并引导孩子不断地完善自己。更不要在孩子犯错时使用打骂、惩罚、斥责等消极方式的对待孩子，避免孩子以谎言来应付家长。

黄明是个聪明机灵的小男孩，学习成绩也很不错，亲朋好友们遇到黄明的爸爸妈妈，总是要夸几句黄明，爸爸妈妈听了也很高兴。后来因为工作的原因，爸爸妈妈把黄明送到了爷爷奶奶家生活，幸好这并没有影响他的学习成绩，爸爸妈妈感到很欣慰。

但是到三年级的时候，黄明的成绩却有所下降。爷爷奶奶以为是他刚上三年级，功课变难了，黄明一时半会儿跟不上是正常的，他们不想给黄明太大压力，于是就没多说什么，只是鼓励黄明继续努力学习。一个周一的上午，黄明的老师打电话给黄明爷爷，问黄明的作业是不是放在家里了。

黄明的爷爷告诉老师："黄明很多天都没在家做作业，他都说自己在学校写完了作业才回家的，我正想问问您，黄明最近的作业做得怎么样，我都没看到过。"

可老师也说："我也好一阵没看到过黄明写的作业了，他总说落在家里没带过来，要么就说不小心弄湿了本子，下次补好作业再给我，但我的确有半个多月没见黄明给我交作业了，所以我打电话来问问您。"

老师这么一说，爷爷和老师都明白了，黄明根本就没写作业，他在撒谎。

当天晚上，爷爷就把黄明叫到书房，他问黄明："孩子，知道你最近犯了什么错吗？今天老师打电话给我，说你把作业落在家里了，是不是这样呢？"

黄明明白爷爷的意思了，他知道爷爷说的是他好多天没写作业的事，黄明支支吾吾地说："我……我没……"

"黄明，你是个聪明又懂事的孩子，应该知道什么是对的，什么是错的，你要说实话，爷爷不会责罚你。任何人都会犯错，爷爷也犯过大大小小无数个错误。只要你勇于承认错误，有错即改就是好孩子，谁都愿意原谅这样的好孩子。爷爷也是在不断犯错和不断改错中长大并取得很多成绩的。"

"爷爷，我错了，我这些天都没有写作业，我骗你在学校做完了，又跟老师说作业落家里忘带了。爷爷你别生气，我以后再也不这样了，我肯定认真学习，不再撒谎了。"黄明怯怯地说。

爷爷看到了孩子的惊慌，他认为不能过分责骂甚至打孩子，那样会使孩子产生恐惧感，不敢面对家长，以后再犯了错也不敢承认。于是，爷爷用温和的语气问："黄明真的知道自己错了吗，是真心改错的吗？"

黄明用力地点点头，爷爷继续说："那好，既然黄明知错就改，那爷爷就给你一次机会，以后一定不能再犯这种错误，否则爷爷就会对你不客气的，知道吗？黄明是男子汉，就该承担起男子汉的责任，从小约束好自己的言行举止，有错及时改正，长大才会有出息。如果你再犯类似的错误，你的同学知道了都会嘲笑你，会说你爱撒谎，他们就不会信任你，不愿和你一起玩，一起讨论问题，你说对吗？"

"我知道了，我一定会抓住机会，改正错误，不然就没人跟我玩、没人愿意理我，我会很孤单的。"

在爷爷的耐心教导下，黄明果然及时改错，之后再也不逃避写作业，也很少撒谎了。而这件事爷爷也告诉了黄明的爸爸妈妈，黄明一开始还担心爸爸妈妈会批评自己，但爸爸妈妈却夸奖他敢于认错，让他心情放松了不少。从那以后，黄明再也不说谎骗人了。

任何人都避免不了做错事，而犯了错，我们就要教导孩子勇于认错并及时改正。生活中，孩子做事的过程中有一些错误是难免的，爷爷奶奶不能因为宠爱孩子就包庇孩子的错误，而是应该像事例中黄明的爷爷一样，指出孩子的错误，并引导他如何改正。这样才能让孩子既走出犯错的阴影，又学会如何改正自己的错误，以积极的心态来面对生活。

给孩子零花钱，爷爷奶奶也要有原则

现在很多家庭都只有一个孩子，经常尽力去满足孩子的一切要求，有些父母因为各种原因，把孩子交到长辈手里照顾，宠孩子的档次马上又抬高了一个台阶，爷爷奶奶生怕自己的孙辈在物质上比不上其他孩子，所以不惜用尽全力满足孩子的要求，零花钱说给就给，孩子要买什么就买什么，一点也不含糊。但是长期如此，不仅会养成孩子乱花钱的不良习惯，还容易让孩子形成攀比的心理，对孩子的成长是非常不利的。所以，长辈给孩子零花钱，更应该讲究方法。

黄灿灿的家境富裕，父母虽然疼爱他，但因为经常出差，就让爷爷奶奶过来陪他，每个月都给爷爷奶奶一笔钱，说是买东西用。爷爷奶奶花钱很少，所以这笔钱很大一部分都花到了黄灿灿身上，可以说，黄灿灿日常生活中要什么有什么，从来不缺钱花，每个月的零花钱一大把一大把的，什么时候零花钱不够用了，只要他开口，爷爷奶奶肯定会马上满足他的要求。

因此，黄灿灿在花钱上从来都是十分大方的，经常买一大堆零食请小伙伴们吃，这让大家都十分喜欢和黄灿灿交朋友。

但这年年初，因为受经济危机的冲击，黄灿灿父母的工资收入受到一些影响，日常开销暂时有些拮据，给爷爷奶奶的生活费也渐渐少了起来，黄灿灿的零花钱自然也就少了。

“奶奶，这么点钱不够我花啦。”领到这个月零花钱的黄灿灿不高兴地皱起了眉头，“才这么点钱，请大家吃几回雪糕就没了，不能再多点了吗？”

“你一个小孩子，哪有那么多花钱的地方，节省一点吧。”奶奶拍拍他的头，笑道。

没办法，黄灿灿只好接受了，心里想着，大不了花完后再问爷爷奶奶要，再不行，就去问爸爸妈妈要，反正大家都疼他，肯定不会让他没钱花的。

有了这样的想法后，黄灿灿还是像以前一样花钱大手大脚，没两天就把一个月的零花钱花光了。

“奶奶，我没零花钱了……”没钱花的黄灿灿只好去向奶奶要。

奶奶睁大双眼，一脸诧异：“怎么会？奶奶不是刚给了零花钱吗？”

“才那么点，早花完了。”

“才那么点？”奶奶这回连嘴都合不上了，孙子嘴里的那么点，可是普通家庭同龄孩子几倍的零花钱呢。

“妈……”这时，客厅里传来了黄灿灿的妈妈的说话声，“我就说你平时太惯着黄灿灿了吧。”

“妈妈？太好了，快给我零花钱。”黄灿灿马上冲过去要钱，但妈妈却皱着眉头说：“肯定是你把钱都乱花了吧。是不是又充大款，请小伙伴们吃‘大餐’了？妈妈是不会给你零花钱的。”

“什么？灿灿，你真把奶奶给你的钱全浪费了？”奶奶十分吃惊。

“也……也没浪费啊……”黄灿灿心虚地低下了头。

“妈，我早就说过，不能他要零花钱就给他，应该让他学会有计划地花钱，平时给他的零花钱也应该让他做个花钱计划，教会他哪些钱该花，哪些钱不该花。要不然，你就等着他变成败家子吧。”妈妈说道：“唉，这也是我的错，平时工作太忙，这些问题疏忽了。”

黄灿灿的奶奶不由得连连叹气，认真地思考了一会儿后，像是终于下定了决心，对黄灿灿说道：“奶奶这个月已经给过你零花钱了，如果不是必要的花销，奶奶不会再给你钱了。以后你爸爸妈妈给的生活费，只能取出一部分作为你的零花钱，剩下的，绝对不会再让你乱花的。”

完了！黄灿灿心一下子就凉了。看来，他的“好日子”要到头了。

现在的孩子大多是在祖辈父辈的关爱中长大的，衣食无忧的生活让他们不懂得珍惜，仗着长辈的疼爱，就无视父母工作的辛苦，不停地伸手要钱花。而长辈因为过分疼爱孩子，总是有求必应，导致孩子变得花钱大手大脚，不知道钱来之不易，花钱一点计划也没有。

所以，长辈给孙辈零花钱也不能太多，当把钱交给孩子管理之后，长辈要随时对孩子的理财计划进行监督。如果孩子能够按照计划合理地花钱，长辈就可以额外给予孩子一些奖励。如果孩子还是乱花钱，长辈就可以扣除他下个月的零花钱，让他知道乱花钱是要受到惩罚的。

另外，对于孩子合理的请求，长辈也不要马上答应下来，要让孩子学会等待，延缓给予奖励的时间。

很多长辈在教育孙辈的时候都喜欢奖励孩子，而且只要孩子取得了进步，长辈就会兑现自己的诺言，给孩子一些可观的奖励，其中不乏金钱奖励。其实，有时候，长辈有必要延缓一下奖励孩子的时间，对孩子的需要和享受的欲望进行延迟满足，这样不但能够让孩子学会等待，也可以培养孩子的自制力。

所谓的延迟满足，就是指人们为了得到更有价值的长远利益，于是控制住自己的欲望，甘愿延缓对目前需求的满足，以此来取得更大的收获。美国一位心理学家设计了一个延迟满足的实验，让几个孩子在美味糖果面前等待，半个小时后才能够吃到糖果，有的孩子能够控制住自己的欲望，乖乖地等着半个小时过去，而有的孩子则忍耐不了，没过几分钟就抓起糖果吃起来。由此可知，经常对孩子进行延迟满足的训练，能够锻炼孩子的自制力。

而且，延迟满足孩子有很多好处，除了能调动孩子的积极性外，还可以发展孩子自主学习、自主进步的能力。延迟满足实施的同时，还可以引导孩子，让孩子认识到自己的进步并不是为了得到爷爷奶奶的奖励，而是在这些训练中让孩子不断提高、不断进步。事实证明，大多数能够接受较长时间的延迟奖励的孩子，他们的非智力因素都比一般的孩子要好。因此，在教育孙辈的时候，长辈要适当地对孩子进行延迟满足的训练，比如，孩子想要得到新的文具，那就让他先学着爱惜文具。孩子想出去玩，那就让他先做完功课。孩子想上网，那就让孩子先做一些家务，然后再奖励孩子上网半个小时，等等。

长辈“懒”一点，孙辈才会勤快点

勤劳是我国的传统美德，热爱劳动的人性格也会更开朗，但现在的孩子大多是独生子女，被父母捧在手心里，被爷爷奶奶护在心坎上，洗衣、打扫等家务活从来不愿意让孩子插手，怕孩子受伤、受累。殊不知，这样一来，孩子就无法体会到劳动的快乐，也很容易养成衣来伸手、饭来张口的“懒病”。尤其是跟着爷爷奶奶生活的孩子，因为宠爱而什么事都不让孙辈做，其实这并不是爱孩子，而是在害孩子。

刘欣欣是一个人见人爱的可爱女孩，虽然今年已经10岁了，但却一点家务活也不会做。其实，并不是她不想劳动，而是她一直跟着姥姥生活，姥姥怕她在劳动中受伤，她想帮姥姥做家务就遭到姥姥的百般阻挠。

有一次，刘欣欣见姥姥很晚了还没回家，便走进了厨房像姥姥平时做饭那样，打开火，烧上水，然后就去削土豆了。轻松地把土豆皮削完，刘欣欣“嘿嘿”地笑起来：“原来做饭这么简单，等姥姥一会儿回来看到我的成果后，肯定会夸奖我的。”

她一边想着，一边洗好土豆，拿起刀想要切片，一刀下去，土豆却滑跑了，再一刀下去，片切厚了，再来一刀，她“哇”的一声，哭着把刀扔下，捂着正出血的手指跑了出来。原来，是把手指切伤了。

正巧这个时候姥姥姥爷回来了，看到厨房的景象后，姥姥首先担心了起来，当看到刘欣欣手上的伤口时，脸刷的一下变白了，“欣欣，怎么流了这么多血，姥姥这就带你去医院。”

刘欣欣已经渐渐止了哭，刚才是看到出血吓哭的，此刻看到姥姥这么担心，羞愧地红了脸，摇着头说道：“姥姥，不用去医院，其实就是切了一个小口，涂点药就好了。”

“那怎么行？万一发炎了呢，万一感染了呢，不行，姥姥一定要带你去医院。”

“姥爷……你帮我上药吧。”见说不服姥姥，她只好求助姥爷，却见他正拿着家用医疗箱笑着走了过来，“姥爷刚才一回来就去找药了，来，我看看伤得怎么样？嗯？不是很严重嘛！消消毒，贴个创可贴就行了。”

处理好伤口后，姥姥板着脸问这是怎么回事，刘欣欣支支吾吾，才说：“我想帮姥姥做顿饭。”

听完她的话后，姥姥认真地对她说：“以后不准你再进厨房，小小年纪，学什么做饭。”

“其实，欣欣也不小了，我倒是支持她学着做些家务活。”姥爷叹着气刚说完，姥姥就反对起来，听着姥姥姥爷的谈话，刘欣欣无奈地低下了头。

作为长辈，疼爱孙辈是很正常的事情，但也不能剥夺孩子劳动的权利，相反还应鼓励孩子多参加劳动。“溺爱式”教育在现在的家庭中比较普遍，长辈往往注重在物质上去满足孩子，造成了孩子对长辈的依赖程度日益增加，独立生存和思考的能力就随之越来越弱，导致很多孩子承受挫折的能力不强。长辈舍不得让孙辈吃苦，大大降低了孩子应对苦难的能力。

其实，让孩子适当地吃些苦未必是件坏事，毕竟，只有不断地承受生活中的挫折和苦难，才能真正在社会上立足。苦难是孩子成长所必须经历的，同时也是他们成长中的养分。所以，作为长辈，应该多给孩子制造一些吃苦的机会，让自己变得懒一点，好让孙辈变得勤快一些，在体验生活的艰辛中磨炼他们的勇气和意志。

王和今年6岁，是一个活泼可爱的男孩，家里所有人都很喜欢他。但随着王和年龄的增长，王和的父母觉得他吃饭的时候的一个毛病必须纠正，王和所有饭菜一定要让别人喂进嘴里才肯吃，你要是让他自己夹着吃，他准哭闹起来，让父母十分头疼。

其实，这也不能全怪王和，主要还是王和的奶奶太疼爱孙子，在他还小的时候，就总说孩子还小，怎么也不同意他自己动手吃饭，一直手把手地喂他，直到现在还是这样。

前不久，王和的父母终于说服了他的奶奶帮助孩子改正这个毛病，但奶奶用了很多方法，却发现孩子已经养成习惯了，不管怎么教育，效果都不大。

作为长辈，在宠爱孙辈的同时，更应该重视孩子劳动意识的培养，鼓励孩子多参加劳动，锻炼孩子的动手能力。当孩子成长到一定年龄时，好奇心就会慢慢强烈起来，看到什么东西，都想亲手碰一碰、动一动。长辈在发现孩子有这方面的动手欲望时，不要顾虑太多，总担心孙子孙女在劳动中受伤，要鼓励孩子多做事，当孩子独立完成某件事情的时候，比如孩子自己洗完一件衣服，帮家长洗碗等，孩子的内心都是快乐和自豪的，时间久了他们就会养成热爱劳动的习惯。

现在孩子的生活环境比过去优越了很多，他们吃苦的方式也与过去大相径庭，长辈可以从锻炼身体开始磨炼孩子吃苦耐劳的意志。比如，长辈晨练时可以带着孩子一起，带孩子多参加一些体育运动，一起爬山，一起徒步旅游等，让孩子体验劳累，培养他们坚强的意志，同时也能让孩子体会到生活的艰辛，变得更爱劳动，更爱生活。

在生活中，长辈可以利用一些小事让孩子体验生活的艰辛，比如，让孩子参加一些公益劳动或是让孩子去做一些零工，让孩子从中感到生活的不易，从苦中找到努力拼搏的勇气和力量。同时，让孩子吃苦要根据孩子的年龄和身心特点而定，切不可让孩子做超越极限或无法承受的事。

有些长辈为了培养孩子吃苦耐劳的精神，会在他们进行了一些劳动后给予一定的奖励，虽然这会让孩子觉得非常自豪，但如果奖励不当，很多孩子把做家务看成了赚钱的机会，最后教育不成反出错。所以，长辈要明白，适当地奖励一下孩子的劳动是合理的，能够让孩子深刻体会到劳动的意义，并享受靠正当劳动获得金钱的快乐，还可以帮助孩子加深对权利与义务的认识，对孩子的成长是很有益的。但如果过分奖励孩子，只会适得其反，容易让长辈和孩子间变成“买卖”关系，不利于培养孩子吃苦耐劳的精神和责任感，对孩子的成长是不利的。

用理解和沟通跨越祖孙间的鸿沟

在现实生活中，父母和孩子之间还会经常有这样或那样的矛盾，更何况隔着一代的祖孙之间，所形成的代沟会更多、更大。尤其是远离了父母的怀抱，突然来到长辈身边的孙辈，在面对比父母更加安静、话少的爷爷奶奶、外公外婆时，经常不知道如何自处，在长辈面前尤其地小心谨慎，就怕自己被长辈抓到把柄，挨训受批评。

其实，和父母相比，长辈对孙辈的爱更深沉，更浓厚，只是表达的方式和方法不同，只要我们多做出些努力，彼此理解，多做一些了解，就会了解这份爱的可贵了。

女孩文文被爸爸妈妈送到了爷爷奶奶家，她觉得自己被爸爸妈妈抛弃了，爷爷又整天板着一张脸，难道她不讨爷爷奶奶喜欢吗?

这样的认知让文文总是处于极度的不安当中，和爷爷奶奶的交流很少，经常担心自己说错话，会受到爷爷奶奶的批评。

这一天，吃完晚饭后，文文看见奶奶一边看电视一边揉自己的肩膀，文文鼓起勇气来到奶奶身边，担心地问："奶奶，您的肩膀疼吗？"

"有点酸痛，做饭的时候太用力了，有点累。"奶奶笑着回答道。

但文文却从奶奶的笑容中看出了深深的疲惫，连忙说："那我给您按摩按摩吧，也许会变得舒服一点的。"

"不用，奶奶休息一下就好了，你去写作业吧。"奶奶害怕耽误她的学习，文文却坚持给奶奶按摩，让奶奶坐好后，她握起拳头，轻轻地捶打在奶奶的肩上，一边捶还一边问："奶奶，感觉好点了吗？"

"嗯，好多了，真舒服！"奶奶真的觉得肩膀的重量一下子变轻了好多，她觉得，孙女的按摩还真起到了作用，不过，也可能是孙女的这份孝心让她忘记了身体的疲惫也说不定。

想想自从孙女来后一直小心翼翼地在家里活动，不由得有些心酸，孩子这么小就离开了父母，自己又不知道怎么拉近和她的关系。

“那以后我天天给您按摩好不好，这样您的肩膀就不会疼了。”文文还学着按摩师的样子用手指使劲儿地按揉，看起来还挺专业。

过了一会儿，爷爷从外面回来了，正好看见文文在给奶奶做按摩，就说：“我的肩膀也很疼，怎么没人给我按摩一下？”

平时文文最害怕和爷爷说话，因为爷爷总是很严肃，但现在爷爷竟然主动和她说话，她怯怯地说：“爷爷您坐好，我也给您按摩吧。”

看着爷爷奶奶脸上的笑容，文文特别开心，她很高兴自己能为爷爷奶奶做点什么，而且，通过按摩，她和爷爷奶奶的关系也变融洽了很多，她发现，原来爷爷奶奶并不是想象中那么的严肃可怕，自己是被他们爱着的幸福小孩。

现在，很多孩子都是在父母的宠爱下长大的，这样的孩子无论做什么事都要依靠父母才能做好，哪怕是洗衣服、叠被子这样的小事。她们习惯了父母的照顾，一旦离开父母，面对爷爷奶奶，虽然宠爱依在，但一开始的感觉却是很别扭的。

这种时候，我们就要学会多一些接触和沟通，长辈在不溺爱孩子的情况下多了解一些孩子的喜好，而孩子也要多一些孝顺的举动，慢慢地增加双方的互动时间和机会，缩短感情上的距离。

李明因为刚搬到爷爷奶奶家，所以转学到了一个新学校，虽然在学校还很活泼开朗，可一回到爷爷奶奶家立马就“蔫”了下来，因为他和爷爷奶奶一点也不熟，以前一年也就见一次面，现在要天天对着他们，紧张得连话都不知道怎么说。

这天李明的爷爷带他到邻居家做客，李明打完招呼后就和邻居家的孩子去房间玩了，过了好一会李明的爷爷要回家了，就去叫李明，发现两个孩子正在看动漫。爷爷走近一看发现正是自己喜欢的一部电影，于是高兴地说："你们也喜欢这部电影啊！"

两个小朋友回头见到是李明的爷爷，没有回答。

"我也很喜欢这部电影，最喜欢里面的军师，你们喜欢谁呀？"爷爷兴冲冲地问。

李明一听马上高兴地回答："我也喜欢这个军师，大志喜欢那个将军！"

"哈哈，原来咱们喜欢的一样，以后就和可以和爷爷一起看了。"爷爷高兴地说。

"嗯！"李明也很兴奋。

就这样爷孙俩开开心心地回家了，回家后就一起钻进了李明的房间，直到晚饭时间也没出来。奶奶叫了几声没反应后，推门进去，才发现爷孙俩正在兴高采烈地讨论着什么。

奶奶忍不住调侃道："你们两个的关系什么时候这么好了，有说有笑一个下午了。"

爷爷头也不回地说："这是我们男人间的小秘密，不能告诉你们女人。"

"就是，就是，这是我们男人的秘密。"李明也跟着附和着。

奶奶瞧着这一对"活宝"的搞怪模样，开心地笑了起来。

想要拉近彼此间的关系，最好用的方法就是找一个共同的爱好以朋友的身份为切入点，逐渐消除祖辈间的代沟问题。比如，同一部电视剧，同一个明星，甚至是同一项运动项目，等等，这些都是与孩子多沟通很好的切入点。孩子往往都乐于和别人讨论自己感兴趣的事情，当长辈和孩子一起讨论共同喜欢的事物时，会给孩子带来快乐，当孩子感觉长辈不再是那么“不近人情”后，自然也就愿意多和长辈交流了。通过交流，祖孙间的距离自然会拉近，关系也会变得越来越好的。